马小娜教你做胎教

北中医三院

BEIJING UNIVERSITY OF CHINESE MEDICINE THIRD AFFILIATED HOSPITAL

马小娜◎主编

吉林科学技术出版社

图书在版编目（CIP）数据

北中医三院马小娜教你做胎教 / 马小娜主编 . -- 长春：吉林科学技术出版社，2021.11
ISBN 978-7-5578-6789-8

Ⅰ.①北… Ⅱ.①马… Ⅲ.①胎教－基本知识 Ⅳ.① G610.8

中国版本图书馆 CIP 数据核字 (2021) 第 169050 号

北中医三院马小娜教你做胎教
BEIZHONGYISANYUAN MA XIAONA JIAO NI ZUO TAIJIAO

主　　编	马小娜
出 版 人	宛　霞
责任编辑	宿迪超
助理编辑	郭劲松
美术编辑	陈卓通
音频提供	徐浩宸　刘梦泽　董安琪
儿童插画	黄依诺
图文统筹	上品励合（北京）文化传播有限公司
封面设计	长春美印图文设计有限公司
幅面尺寸	167 mm×235 mm
开　　本	16
印　　张	15
页　　数	240
字　　数	200 千字
印　　数	1-6000 册
版　　次	2022 年 1 月第 1 版
印　　次	2022 年 1 月第 1 次印刷
出　　版	吉林科学技术出版社
发　　行	吉林科学技术出版社
社　　址	长春市福祉大路 5788 号出版大厦 A 座
邮　　编	130118
发行部电话 / 传真	0431-81629529　81629530　81629531
	81629532　81629533　81629534
储运部电话	0431-86059116
编辑部电话	0431-81629378
印　　刷	长春百花彩印有限公司
书　　号	ISBN 978-7-5578-6789-8
定　　价	59.80 元

如有印装质量问题可寄出版社调换

前 言

我们知道，孕妈妈在孕期往往需要吃很多营养丰富的食物，这是因为食物的营养最终能传递给胎宝宝；而孕妈妈也需要保持积极乐观的情绪，因为她的喜怒哀乐也会影响到胎宝宝。所以，当孕妈妈阅读优美的诗歌、聆听灵动的乐曲、感悟纯净的大自然时，这些愉悦的感受，同样也会感染到胎宝宝，而这就是胎教。

孕妈妈腹中的胎宝宝是一个能聆听、有情感、有反应的"小精灵"。

每天轻松做胎教，促进胎宝宝全面发育。

这里送上最适合孕妈妈的胎教枕边书，陪伴准爸爸和孕妈妈一起轻松度过孕期时光！

这里的诗歌散文、睡前故事、经典音乐、趣味手工、益智游戏等内容，丰富有趣，赶紧翻阅吧！

目录

第 8 个月（29 ～ 32 周）
没有什么比快乐胎教更重要

第 29 周 身体继续发育 / 168

第 30 周 丰满的胎宝宝 / 173

第 31 周 呼吸更自然 / 177

第 32 周 继续发育的胎宝宝 / 181

第 10 个月（37 ～ 40 周）
快要见面啦！让胎宝宝与孕妈妈更加勇敢

每月胎教重点

孕 1 月 胎教准备

这个月的胎宝宝还处于从无到有的孕育中，还没有任何感知能力，也许你会觉得现在说胎教是否有点操之过急了，其实，胎教从孕前就可以准备开始了。这个月的胎教重点就是让孕妈妈了解一些胎教知识，加强对身心的调整，为孕育一个健康聪明的胎宝宝做好充分的准备。胎教可以激发胎宝宝的自身潜能，让他在生命之初就接受良好有益的教育。

孕 2 月 调整心情

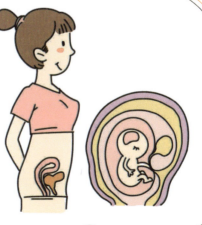

这一个月，孕妈妈就能确切得知自己怀孕。此时的心情兴奋且复杂，孕妈妈要散散步、听听舒缓的音乐，保持情绪稳定最重要。

孕 **3** 月

刺激大脑发育

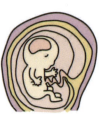

　　这个阶段，胎宝宝脑细胞迅速发育。孕妈妈可以多听欢快的乐曲，营养、胎教也要及时跟进，确保胎宝宝有足够的能量来全面滋养大脑。

孕 **4** 月

全方位锻炼

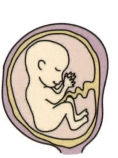

　　这个时候可以对胎宝宝进行全方位的锻炼啦！孕妈妈每天有规律地抚摸自己的腹部，以此来引起宝宝的条件反射，增强母子之间的互动，促进胎宝宝大脑和感官的发育。

孕 5 月

记忆与声音

　　此时胎宝宝已经有了初步记忆，此时的记忆极易藏在他的潜意识里。孕妈妈或准爸爸只需每天和胎宝宝说说话，他就会很喜欢，出生后也会记得这个声音哦！

孕 6 月

打招呼

　　胎宝宝进入相对稳定期。孕妈妈要继续听听音乐，并且主动轻抚腹部，给胎宝宝做"体操"，每天早晚准时和胎宝宝打招呼，准爸爸也可以一起参与，为他营造良好的家庭氛围。

孕 **7** 月

亲子互动

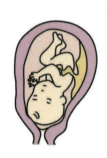

　　孕妈妈可以适当增加运动，同时音乐、语言胎教的时间可以适当加长些，内容也可以更加丰富些，如哼唱、念诗、讲故事等。最好每天有固定时间给胎宝宝做这些胎教，和他多一些互动，有利于他今后的成长。

孕 **8** 月

经常说说话

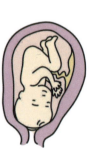

　　孕妈妈和准爸爸仍然要经常和胎宝宝说话，将你们对他的爱告诉他，或者将身边发生的有趣的事告诉他，还可以轻轻地告诉胎宝宝全家人有多么期待和他见面。

孕9月

克服焦虑

宝宝就快降临了，孕妈妈有点兴奋，又有点焦虑。这时候孕妈妈最需要做的就是调节好自己的情绪，以平和淡定的心态来面对分娩的恐惧和焦虑，继续将胎教进行到底，准爸爸要更加关注孕妈妈的产前情绪。

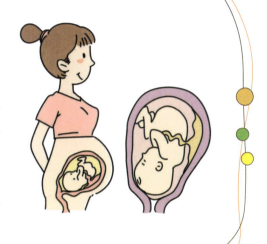

孕10月

准备分娩

终于要"卸货"了，孕妈妈要做好充足的分娩准备，包括身体和心理上的准备。合理膳食，以补充体力为主，又要防止营养过剩。保持轻松愉悦的心情，给予胎宝宝积极的心理暗示，如"小宝贝，我们很快就要见面啦！"

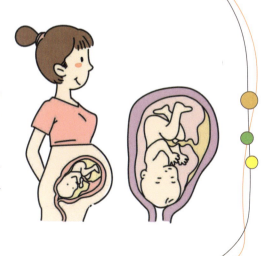

了解常见的胎教方法

音乐胎教

科学验证表明：充满爱心的胎教音乐，既能缓解孕妈妈紧张焦虑的情绪，又有助于胎宝宝的发育。孕妈妈要尽早给胎宝宝进行音乐胎教，一起感受与胎宝宝的心有灵犀。

情绪胎教

情绪胎教，是通过调节孕妈妈的情绪来起到胎教的作用。通过为孕妈妈创造一个和谐愉快的氛围，使之忘却烦恼和不快，保持美好的心情。

美育胎教

美育胎教，是通过孕妈妈对美的感受而将美的意识传递给胎宝宝的胎教方法。在怀孕期间，胎宝宝初步的意识萌动已经建立，所以，对胎宝宝心智发展的训练可以较抽象、较立体的美育胎教为主。

语言胎教

　　语言胎教，是孕妈妈或者准爸爸用文明、礼貌、富有感情的语言，对腹中的胎宝宝讲话，这样能够为胎宝宝的大脑新皮质输入最初的语言印记，同时为后天的学习打下基础。和胎宝宝对话时，可以是问候、聊天，也可以是读故事书、朗诵诗词、唱歌等，以简单、轻松、明快为原则。

营养胎教

　　营养胎教，是根据孕期早、中、晚三个阶段胎宝宝发育的特点，合理指导孕妈妈从食物中摄入各类营养，即蛋白质、脂肪、碳水化合物（糖类）、矿物质、维生素、水、纤维素。孕妈妈通过食物摄入均衡而全面的营养来帮助自己更好地孕育胎宝宝，为预防疾病和顺利分娩出健康的胎宝宝做充足的营养准备。

运动胎教

　　运动胎教，是指孕妈妈在适宜的时间、适当地进行一些运动锻炼。这种胎教方法一方面对孕妈妈有减轻身体不适感、控制体重增长速度、增加自然分娩概率、缩短产程等好处，另一方面对胎宝宝来说，还有促进大脑以及肌肉的健康发育等作用，好处多多。

第1个月(1～4周)
胎教始于优孕

那一刻，我们期待生命的到来，当精子与卵子完美邂逅，奇迹出现了，为了宝贝能拥有一个美好的未来，倾心孕育，了解胎教，让我们共同开启280天的完美胎教计划吧！

第1周 做好胎教准备

虽然此时的胎宝宝还是以精子和卵子的形态存在于爸爸和妈妈的体内，但是也要开始着手进行胎教啦！这个时候的胎教计划主要是将身心调整到最佳状态，为成功孕育做好准备。

Day 1 胎教的重要性

——年——月——日

备孕第————————天

俗话说得好，"好的开端是成功的一半""开始好则结尾佳"，任何一件事情的开始总是十分重要的。

当精子和卵子幸福地相遇，夫妻俩甜蜜的负担便悄悄开始了。

孕育一个小生命，我们需要从一开始就细心呵护，因为，胎宝宝变成天使来到夫妻身边的那一刻，他就被赋予了生命的意义。此时，胎宝宝并非一个无知觉的小生命，而是一个能聆听、有情感、有反应的小精灵。孕妈妈的喜怒哀乐、衣食住行都将被肚子里的宝贝感知到。例如，孕妈妈吃营养丰富的食物，最终能传递给胎宝宝；孕妈妈积极乐观的情绪，也会影响到胎宝宝。同时，孕妈妈倾听和阅读优美的诗歌、乐曲、感悟大自然等一系列胎教行为都将感染到胎宝宝。

可见，进行胎教是必不可少的。它不仅可以让胎宝宝熟悉自己的声音，也可以让胎宝宝感受到关爱，促进胎宝宝生长发育。

那么，此时就开始为胎宝宝制订一个胎教计划吧！相信准爸爸和孕妈妈通过努力与坚持一定会将自己的爱意给予胎宝宝，顺利度过充满挑战和惊喜的280天胎教时光。

Day 2

胎教全家总动员

_____年_____月_____日

备孕第_____天

胎宝宝

确切地说，现在的我还不是真正意义上的胎宝宝，因为我还是爸爸体内众多精子中的一员，而即将要与我结合的卵子正乖乖地待在妈妈的体内"养尊处优"，等着我这位最优秀的精子勇士的到来！

孕妈妈

此时的我还处于末次月经期间，身体并没有明显的症状，如果我在这个月受孕成功，那么，我将在很长一段时间告别月经这个"老朋友"了。现在，我要做的就是放松心情，积极调节身体，用最好的状态迎接胎宝宝的到来。

准爸爸

我要做妻子忠实的陪伴者和保护者，除了照顾好她的生活起居，还要关注她的情绪，让她开心地备孕和孕育。另外，我还要改掉喝酒、抽烟等不良习惯。

心情便利贴

写下你们的胎教宣言吧！

Day 3

_____年_____月_____日

备孕第_____天

做好胎教准备工作

✦ **了解胎教：** 备孕夫妻在进行胎教前就需要全方位了解有关胎教的信息，掌握有效的胎教方法，选择适当的时间进行胎教。

✦ **准备一个好心情：** 进行胎教前，孕妈妈一定要带着轻松、愉悦的心情，开开心心地做胎教。

✦ **做好胎教计划：** 备孕的夫妻俩可以一起商讨胎教计划。

✦ **胎教工具：** 提前准备一些辅助胎教的小工具。例如，胎教便利贴、乐器、故事书等。

Day 4

_____年_____月_____日

备孕第_____天

准爸爸一定要参与胎教

胎宝宝对男性低频率的声音比对女性高频率的声音敏感。而且准爸爸参与胎教能让孕妈妈感觉受到重视与疼爱，胎儿也能感受到愉快的心情，有利于胎宝宝日后成为一个快乐的孩子，因此准爸爸在胎教中所扮演的角色非常重要。

Day 5
受过胎教的宝宝大不同

随着科学的进步，越来越多的备孕夫妻开始为即将孕育的胎宝宝进行胎教安排，而优质的胎教对胎宝宝来说意味着提前进行了"优质教育"，对他的身体和心灵都有好处。

经过胎教的宝宝**身体健康**，**体内营养充足**，出生后身体也比较强壮，不容易出现不适。此外，由于整个孕期孕妈妈的胎教科学，作息规律，胎宝宝在出生后也比较容易养成**正常的生活规律**，且**自然睡眠良好**。同时，由于孕期中进行了很多美育、音乐及语言故事类胎教，胎宝宝出生后的**语言天赋**和**乐感**也相较于没进行胎教的宝宝强。

还有很重要的一点，经过胎教的宝宝，由于胎教的刺激，**大脑也比较发达**，在未来进行早期教育时，孩子的**记忆力**、**认知能力**都比较突出。

有些孕妈妈或者准爸爸误认为胎教就是不断地给肚子里的胎宝宝读书、讲故事、放音乐。其实，这样做胎宝宝也不一定全能接受，因为每天胎宝宝大多数时间都处于睡眠状态。所以进行胎教既要讲究方式和方法，还要把握和控制好时间。

一般在孕早期的胎宝宝每天只能醒少量时间，随着月龄增长，到分娩之前，胎宝宝每次的清醒时间会延长一些。所以，在胎宝宝睡醒的时候进行胎教效果最好，否则，很可能事倍功半。

那么，怎么知道宝宝是否醒着呢？关键是调整好胎宝宝的作息。孕妈妈进行胎教可以选择固定的时间，如早上 7：30 和晚上 8：00，每天的这两个时间段给胎宝宝做胎教，这样时间一到，胎宝宝就会主动与大人互动啦！

挑选胎教时间注意事项

1.胎教要适时适量。孕妈妈要观察了解胎宝宝的活动规律，一定要选择胎宝宝睡醒时进行胎教，且每次不超过20分钟。

2.胎教时间最好每天定时进行，这样可以让胎宝宝养成规律的生活习惯，为其他认知能力的提升奠定基础。

3.注意挑选胎宝宝胎动频繁的时间，但是如果胎教过程中胎宝宝胎动突然频繁，说明他不喜欢，可以暂停。

Tips

胎教也不是固定不变的，孕妈妈也要感受一下胎宝宝状态是否好，是否愿意接受，我们要根据胎宝宝的状态灵活调整哦！

Day 7
中国古代的胎教

　　在人们印象中，"胎教"似乎是现代的一个"新鲜"事物，其实不然，在我国古代就已经有"胎教"的存在了，古人认为胎儿在母体中能够受孕妇的言行感化，所以孕妇必须谨守礼仪，给胎儿以良好的影响，叫"胎教"。且不谈胎教是否仅是母亲必须"谨守礼仪"就能完成胎教任务的问题，但可以说明我国是自古代就已知胎教重要性的国家之一。

　　由此可见，我国古代的胎教非常注重孕妈妈的道德修养，非常注重母子感应。

　　如今，随着现代文明发展与进步，到了现代社会，科学的发达让人们也越来越认识到胎教的重要性，逐渐开始以科学的方式方法进行胎教，同时总结出一些有益的经验，供后来人进行学习和参考。

Tips

　　人们常说，孩子是夫妻爱情的结晶，因此，胎教首先源于爱。在备孕期间，夫妻间和美浓厚的爱意能够为胎宝宝提供一个有爱而健康的成长环境。父母实施胎教时充满爱心，使胎宝宝在一个充满爱的孕育过程中，孕妈妈在这一过程中也可以深切感受到胎宝宝的点滴变化。如果家庭美满幸福，胎宝宝会安然舒畅地健康成长，出生后往往聪明健康。

　　如果夫妻不和睦，彼此经常争吵，不愉快、过度忧伤的情绪都会导致孕妈妈大脑皮质的高级神经中枢活动障碍，引起内分泌、代谢过程等紊乱，并影响胎宝宝心智发育。

　　因此，夫妻双方要心平气和地对待彼此的分歧，相互爱慕，并以极大的爱心共同关注这个爱情的结晶。

第2周 生命的邂逅

生命的开始是一个神奇的过程，当精子遇上了卵子，它不早不晚，时机刚刚好，生命也将如此诞生！

Day 8

营养胎教：培养良好的饮食习惯

——年——月——日

备孕第————天

孕期补充充足的营养、养成良好的饮食习惯至关重要，这不仅关系到孕妈妈的身体健康，还直接影响到母体所能给胎宝宝提供的营养成分。孕期所摄营养过多或过少，都是不可取的，只有科学的饮食，才能为孕妈妈和胎宝宝打下良好的基础。而且孕妈妈在孕期的饮食习惯很可能会影响到胎宝宝以后的饮食习惯，所以孕妈妈养成良好的饮食习惯是很有必要的。

✔ 三餐定时、定点、定量。

✔ 多吃不同种类的食物，尽量从食物中摄取身体所需的各种营养素。

✔ 不偏食、不挑食，平衡膳食。

✔ 远离零食，少用调味料，少吃垃圾食品。

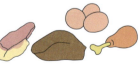

Day
9
情绪胎教：
短途旅游，放松身心

___年___月___日

备孕第_____天

如果感觉备孕期间压力大，备孕夫妻可以尝试进行一次短途旅行，到郊外"放飞"一下，不仅可以锻炼身体，还能忘却烦恼，放松身心。

出来旅行心情总会不错，还等什么，马上出发吧！准爸爸不妨为妻子多拍一些照片，记录下美好的瞬间。

Day
10
知识胎教：
卵子与精子是如何相遇的

___年___月___日

备孕第_____天

孕育是一个神奇的过程，当精子遇上了卵子，它不早不晚，时机刚刚好，才有了受精卵，受精卵在子宫里发育为胎儿，妈妈十月怀胎，直到新生命降临。

女性在排卵后同房，优质的精子便开始走上了漫漫的寻爱之旅。排出的卵子不断地吸引着精子，精子通过宫颈进入宫腔后，在宫腔内液体的帮助下继续前进，再从子宫到达输卵管，虽然只有十几厘米的距离，但对小小的精子来说，不仅路途遥远，而且关卡重重，因为精子至少要过四道关卡：通过阴道，穿过子宫颈，在宫腔内运行，最终才能进入输卵管同卵子"相会"。最后，受精卵在母亲的子宫里不停地发育，直到胎儿出生。

——年——月——日

备孕第_____天

水调歌头·明月几时有

宋/苏轼

丙辰中秋，欢饮达旦，大醉，作此篇，兼怀子由。

明月几时有？把酒问青天。不知天上宫阙，今夕是何年。我欲乘风归去，又恐琼楼玉宇，高处不胜寒。起舞弄清影，何似在人间。

转朱阁，低绮户，照无眠。不应有恨，何事长向别时圆？人有悲欢离合，月有阴晴圆缺，此事古难全。但愿人长久，千里共婵娟。

译文

丙辰年（公元 1076 年）的中秋节，高高兴兴地喝酒直到天亮，喝了个大醉，写下这首词，同时也思念着弟弟苏辙。

明月从什么时候开始有的呢？我举着酒杯遥问苍天。不知道在天上的宫殿，现在是哪一年。我想凭借着风力回到天上去看一看，又担心美玉砌成的楼宇太高了，让我经受不住寒冷。起身舞蹈玩赏着月光下自己清朗的影子，月宫哪里比得上人间。

月儿转过朱红色的楼阁，低低地挂在窗户上，照着屋里没有睡意的人。明月不应该对人们有什么怨恨吧，可又为什么总是在人们离别之时才圆呢？人有悲欢离合的变迁，月有阴晴圆缺的转换，自古以来就很难周全。希望人们可以长长久久地在一起，即使相隔千里也能一起欣赏这美好的月亮。

赏析

《水调歌头·明月几时有》由宋代诗人苏轼创作，是其中秋望月怀人之作，表达了对胞弟苏辙的无限思念之情。

胎教有话说

孕妈妈不妨将中秋节的寓意告诉胎宝宝。告诉他，你们也期待着和他的团圆。

很久很久以前，天地间出现了一个伟大的人，那就是创造人类的女神——女娲。

当女娲在茫茫的原野上行走的时候，她看到了山岭起伏，江河奔流，丛林茂密，草木争辉，天上百鸟飞鸣，地上群兽奔驰，水中鱼儿嬉戏，美丽极了！但是只有她一个人欣赏，不免有些孤独。

有一天，女娲坐在池塘旁边，看到池水中自己的影子。一片树叶飘落池中，泛起了小小的涟漪。她突然想，为什么不创造出和自己一样的生物呢？想到这儿，她马上用手在池边挖了些泥土，和上水，照着自己的影子捏了起来。捏着捏着，就捏成了一个小小的东西，样子和自己差不多，也有五官七窍，双手双脚。更神奇的是，捏好往地上一放，小东西居然活了起来。女娲一见，满心欢喜，接着又捏了许多。她把这些小东西叫作"人"。

这些"人"是仿照神的模样造出来的，气概举动也与别的生物不同，更奇妙的是，这些人还会说话。他们在女娲身旁欢呼跳跃了起来，女娲也终于不再孤独了。

于是，女娲又捏了很多会说话的"人"，她想让世界上到处都有她亲手造出来的人，但是世界毕竟太大了，她捏了许久，也感到了疲惫，但捏出的小人数量仍然不足。后来她终于想到了一个办法，可以让世界上的人类繁衍不息，她参照世上万物传宗接代的方法，让"人"也男女配合，让他们可以自己繁衍后代。

Day 13

____年____月____日

备孕第_____天

运动胎教：
扭转运动为好孕打基础

1. 放松身体，稳稳地坐在瑜伽垫上，双手自然放在身体两侧，双腿伸直放平，双脚稍稍分开。调整好呼吸。

2. 吸气，双手抬起，与肩平行，感觉双臂在向两边拉伸。调整呼吸，保持1分钟。

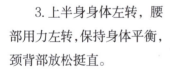

3. 上半身身体左转，腰部用力左转，保持身体平衡，颈背部放松挺直。

4. 身体慢慢还原，休息片刻，向右做同样动作。反复做5～10组。

★扭转速度不要太快哦！保持身体放松，背部挺直，充分感受腹部力量。

Tips

可以采用坐姿或者站姿，左右扭转让身体变得更加柔韧，同时还加强了盆底肌的锻炼，为孕育宝宝做好充分准备！

____年____月____日

备孕第_____天

赏析

《田园》是著名音乐家贝多芬的作品，整部作品表达了贝多芬对大自然的依恋之情，细腻动人，朴实无华，宁静而安逸。

这样胎教更有效

作品是一部体现回忆的乐曲。孕妈妈不妨闭上眼睛想象一下，儿时那散发着泥土芳香的田间小路的场景，那个时候的你还是个孩子，而现在你即将孕育一个小宝宝，成为一名孕妈妈。

现在，就让贝多芬优美动人的乐曲伴随着你，去漫游那恬静的田园风光吧，小鸟正在给你引路呢！

第3周 踏上孕之旅

这一周，精子历尽了千辛万苦，与卵子相遇之后一见钟情啦！从本周开始，他们将结为一体，一起相伴到子宫腔，开始新的生活！

Day 15
爱情的种子开始发芽

___年___月___日

备孕第_____天

这是一个新生命的开始，也是夫妻俩新生活的开始。这一阶段，可以说是受孕的开始，精子和卵子相遇融合而成受精卵，受精时互相激活，遗传物质相互融合，新生命诞生。受精卵一边分裂增殖，一边经输卵管移动至子宫，准备着床。

从现在开始，你们的生命中就会增加一份责任，美好的二人世界也将告一段落，而你们的宝宝将与你们同欢乐。

Day 16
做好迎接小生命的身心准备

____年____月____日

备孕第_____天

怀孕生子堪称人生乐事之一，但不免要经历不舒服的身心变化历程，孕妈妈若能做足功课，了解在怀孕三个时期的常见问题，不陷入孕期焦虑，配合适当的胎教，相信一定能以开心、舒服的状态来孕育一个可爱的宝宝！

1.有了胎宝宝难免花销会多了些，这个时候要学会有计划地消费，为怀孕和宝宝的出生准备一定的积蓄。

2.怀孕后，孕妈妈在体形、情绪、饮食、生活习惯、对丈夫的依赖性等诸多方面发生变化，而这些都是生育一个健康宝宝必经的历程，所以要做好接受变化的准备。

3.胎宝宝的到来，会让夫妻双方的二人世界从此变为三人世界，所以要开始适应三口之家啦！

4.互相理解，并承担家庭责任，在孕期孕妈妈因为各种不便，大部分家里的重担都落到了准爸爸的肩上。这个时候，夫妻双方要互相理解，互相关心。

5.学习和掌握一些关于妊娠、分娩、胎宝宝生长发育的知识，做好应对处理。

Day 17

营养胎教：
对这些食物说"不"

——年——月——日

备孕第_____天

　　这个时候的孕妈妈在饮食方面上要特别上心。尤其是不要吃一些容易导致滑胎的食物。同时，热性水果也不要吃，食用后容易导致上火、便秘。以下几种食物，再爱吃也要说"不"！

水产类 螃蟹、乌鱼、章鱼。

蔬菜类 芦荟、马齿苋。

水果类 桂圆、荔枝、菠萝、蜜柑、红橘、杏、山楂。

怀孕后不是想吃啥就吃啥的！呜呜呜……

Day 18

情绪胎教：
记录爱的日记

——年——月——日

备孕第————————天

孕妈妈写下对孕育宝宝的憧憬吧！告诉他，自己将用全部的爱去呵护他！

这个时候，孕妈妈的心情又是怎样的呢？激动、紧张、忐忑、喜悦……

找个安静的午后，坐在案头写下自己的第一次孕育日记吧！

Day 19

准爸爸胎教：
关心体贴妻子

——年——月——日

备孕第————————天

这周是"精哥哥"和"卵妹妹"的约会时间哦！这段时间孕妈妈的心情可是很重要的，准爸爸不妨准备个惊喜，带着孕妈妈出去约个会，吃个烛光晚餐吧，让彼此的心情美美的！

在妻子怀孕期间，丈夫应体贴照顾好妻子，处理好夫妻之间的一些矛盾，与妻子共同分担所承受的压力。夫妻双方应互相尊重，互相理解，耐心倾听对方的意见，理智地、心平气和地对待彼此间的分歧。这样才能孕育出一个健康快乐的宝宝！

Day 20

运动胎教：
散步是最好的运动

____年____月____日

备孕第_____天

运动胎教中最简单的胎教方式——散步，它不受时间、地点等条件限制，可以自由进行。

散步时，一边呼吸新鲜空气，一边欣赏大自然的风景，对孕妈妈和胎宝宝的身心健康来说，都是有益的哦！而且，散步非常适合不够稳定的孕早期。

老婆，慢点走！

Tips

1.散步需要选择一个合适的环境，安静、清新、路面平坦，可以是附近的公园或者小区里的人行道。

2.散步要选择一双合适的鞋，要求柔软舒适，弹性好，弯曲度高，这样的鞋走起路来更轻松，也能更有效地保护双脚。

3.散步的时间不宜过长，一般每次散步10～20分钟，每天散步2～3次即可。

Day 21

____年____月____日

备孕第_____天

环境胎教：
为宝宝营造一个好的环境

也许宝贝即将到来或者已经悄然来到准爸爸妈妈的身边，这个时候要开始为他着手打造温馨舒适的生活环境啦！相信小宝贝一定能感受到这份爱！

准爸爸着手布置舒适的居室环境

将居室装扮得美观、舒适、干净，能够使孕妈妈产生美好、温馨的感受，是非常有益于胎宝宝身心的发育。美好的事物总能让人心情变好，胎宝宝也能感受得到。例如，可以张贴可爱宝宝照片，挂一些油画，摆放简单的手工艺品，买一些小玩偶。

孕妈妈去户外晒晒太阳

孕期接受适量的阳光照射，可以促进孕妈妈及胎宝宝身体对钙的吸收，有利于胎宝宝骨骼的健康发育。

共同创造良好的家庭氛围

夫妻间要互相爱护，建立一种民主、平等的关系，并且彼此理解、相互扶持，共享家庭的温馨与美好。这样互爱互助的温馨氛围才能带来一个更加幸福的小宝贝！

胎宝宝安营扎寨

恭喜你！这周受精卵将在子宫内完成"登陆"，发育成一个真正的小胚胎，胎宝宝将真实地存在啦！

Day 22
了解胎宝宝的样子和孕妈妈的变化

___年___月___日

孕___月___周___天

离预产期还有_____天

胎宝宝的小样子

这个时候的胎宝宝其实还是个小胎芽，小胎芽已经悄悄地在孕妈妈的子宫里成长了。通过 B 超可以看到他的外形像一颗小小的松子，而这个小胚胎在几周内将会以惊人的速度分裂，一部分形成大脑，另一部分则形成神经组织，慢慢长成一个名副其实的胎宝宝。

孕妈妈的变化

虽然胎宝宝已经存在于孕妈妈的体内了，大多数孕妈妈还没有明显的怀孕信号，但是有些敏感的孕妈妈可能已经有了一些变化，如疲劳犯困、乳房刺痛、消化不良等。这些都是胎宝宝在向孕妈妈发出信号：亲爱的妈妈，我已经在你身体里安家啦！赶快去医院进行产检吧！

Day
23
营养胎教:
饮食营养均衡最关键

——年——月——日

孕——月——周——天

离预产期还有——————天

怀孕后鉴于胎宝宝生长发育需要，孕妈妈所摄取的营养，有些必须比平常多，有些则是相同程度就已足够。特殊的营养是蛋白质、钙、铁、维生素类以及热量等。要以此为主，均衡地摄取，这样才能促进胎宝宝脑细胞的形成和神经系统的发育。

Day
24
美育胎教:
欣赏名画《向日葵》

——年——月——日

孕——月——周——天

离预产期还有——————天

赏析

《向日葵》是著名画家梵高所创作，他用简练的笔法表现出植物形貌，充满了律动感及生命力。这幅作品不同于传统描绘自然花卉的静物装饰画，是一幅通过向日葵来表现太阳的画，是一首赞美阳光和旺盛生命力的欢乐颂歌。

这样胎教更有效

生活中的美丽，需要我们用心去感受和体会，只有你认真地发现其中的美妙，才能感受到快乐。孕妈妈看懂了这幅画，并在脑海中进行描绘，胎宝宝的感知能力也同样可以获得提高，最终也就可以将美好的事物传达给胎宝宝。

29

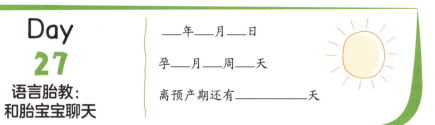

Day
25 ～ 26
情绪胎教：
学会调节自己的情绪

___年___月___日

孕___月___周___天

离预产期还有_____天

怀孕后，胎宝宝的细微变化都牵动着孕妈妈的心；而孕妈妈的一举一动又何尝不会影响胎宝宝的生长呢！怀孕后，孕妈妈会变得比较敏感多疑，一件小事就可能会引起极大的情绪变化，甚至过度伤心。如果孕妈妈有一颗"玻璃心"，容易让坏情绪影响腹中的胎宝宝，一定要学会自我调节，让自己的心强大起来。

Day
27
语言胎教：
和胎宝宝聊天

___年___月___日

孕___月___周___天

离预产期还有_____天

每天和腹中的胎宝宝聊聊天吧！这将是孕妈妈和他最简单的语言胎教方式。也许一开始孕妈妈还不知道要说些什么，没关系，孕妈妈可以将自己的心情或者遇到的开心事和腹中的胎宝宝说一说，用心体会母胎间的心有灵犀。腹中的胎宝宝一定在期待着孕妈妈和他的交流，不妨记录下孕妈妈想和胎宝宝说的话吧！

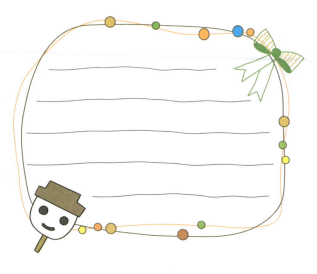

——年——月——日

孕——月——周——天

离预产期还有——————天

冥想是一项古老而温和的瑜伽运动，如果孕妈妈心情烦躁，可以来做一次冥想瑜伽，帮助恢复心神安定。

准备冥想喽

选择一个固定时间，黎明或者黄昏最适合，在一个安静的环境，挑选一首自己喜欢的轻音乐。孕妈妈稳定地坐下来，头、颈、背舒展挺直，手臂以舒服为准自然放置，调整呼吸后，就可以开始冥想运动啦！

开始冥想吧

在悠扬的音乐声中，孕妈妈已经逐渐调整好自己的状态，安静地享受着美好的时光，自己开始想象胎宝宝的样子，想象自己正在跟胎宝宝交流，试着在心里跟胎宝宝讲一讲自己的感想，快乐、愉悦、幸福油然而生，好心情自然来到，最终让身体和心灵都归于平和。

第2个月（5~8周）
胎宝宝终于来啦

身体不知不觉开始发生了小变化——

嗜睡、头晕、胃口不佳、想吐，其实都是胎宝宝到来发出的信号！

他就像一个小精灵一样悄悄地来到了孕妈妈的身边，这个时候，除了惊喜和忐忑，要记住时刻保持一个好心情！

因为，胎宝宝都能够感知到哦！

第5周	**飞速成长的胎宝宝**

这一阶段，胎宝宝在孕妈妈的肚子里正发生着巨大的变化，小小的他正在飞速发育。所以，一定要及时补充营养做好营养胎教。

Day 29

营养胎教：了解怀孕初期的必备营养素

____年____月____日

孕____月____周____天

离预产期还有_____天

确定怀孕后，孕妈妈和胎宝宝都需要哪些营养素呢？

排名第一：叶酸

叶酸是帮助胎宝宝神经系统还有大脑发育的重要营养素，而孕早期正是胎宝宝神经系统发育的重要阶段，所以前3个月一定要补充好叶酸。

排名第二：铁

铁是影响血红蛋白形成重要的营养素，如果铁元素不足，一方面导致孕妈妈营养不良，胎儿发育迟缓，另一方面孕妈妈容易出现贫血，严重的话会导致生宝宝的时候出现凝血功能的障碍，大出血，甚至出现生命危险。

排名第三：钙

人体骨骼和牙齿重要的组成成分，从胎宝宝孕育到出生，都必须从孕妈妈体内获取钙，如果孕妈妈缺钙则会出现腿抽筋、血压不平稳，甚至骨质疏松等。

___年___月___日

孕___月___周___天

离预产期还有_____天

准爸爸和孕妈妈一起制作属于自己的爱心贴纸画吧！

1.准备一张红色的纸张，然后撕成不规则的碎片。也可以用自己喜欢的其他颜色哦！

2.将碎片涂上胶水，一起粘贴在下面的爱心图形上吧！

Tips

　　一颗爱心，表达了父母对孩子的爱，夫妻二人一起制作爱心贴画的时候，不仅增进了夫妻感情，而且也让胎宝宝沉浸在一个幸福美好的家庭氛围之中。宝贝，爸爸妈妈正在期待你的加入哦！

Day 31

故事胎教：
闻鸡起舞

——年——月——日

孕——月——周——天

离预产期还有_____天

晋代有一位将军，名叫祖逖。他文韬武略，忠心爱国，是一位备受尊敬的人。可是，祖逖小时候却是个淘气的孩子。他不爱读书习武，整天只知道到处玩。

祖逖长大后，看见国家衰落，连年征战，百姓的生活非常艰苦，但是他力量微薄，学问又浅，什么忙也帮不上。为了能改变国家的现状，祖逖开始发奋读书，认真学习，学问大有长进。认识他的人都说："祖逖将来会是国家的栋梁。"

在祖逖24岁的时候，有人推荐他去做官，但他觉得自己的学问还不够，就没有答应，而是继续努力读书。那个时候，祖逖有个好朋友叫刘琨，他和祖逖一样，都希望早日平定战乱，让国家强大，让百姓过上好日子。两个人每次在一起谈论国家大事，都会不知不觉谈到很晚，就在一张床上休息。

第二天早上，他们又会一起练剑习武，为将来报效祖国做好准备。一天，天还没亮，祖逖在睡梦中听到鸡叫声，便对刘琨说："公鸡在叫我们起床，现在就去练剑怎么样？"刘琨欣然同意了。从此以后，祖逖和刘琨约定，每天听到鸡叫声就起床练剑。不管刮风下雨，不管酷暑严冬，从来没有间断过。

功夫不负有心人，经过长期的刻苦练习，祖逖与刘琨都成为既能写得一手好文章，又能带兵打胜仗的文武全才。

明理

故事告诉我们：只有通过不懈的努力，才有可能获得成功。

对胎宝宝说

宝贝，你知道吗？想要达成的梦想，就要不断付出努力，因为坚持才能胜利。

Day
32 ~ 33
语言胎教：
阅读泰戈尔《开始》

___年___月___日

孕___月___周___天

离预产期还有_____天

开 始

文/泰戈尔　　选自《新月集》

"我是从哪儿来的，你，在哪儿把我捡起来的？"孩子问他的妈妈说。

她把孩子紧紧地搂在胸前，半哭半笑地答道——

"你曾被我当作心愿藏在我的心里，我的宝贝。

"你曾存在于我孩童时代玩的泥娃娃身上；每天早晨我用泥土塑造我的神像，那时我反复地塑了又捏碎了的就是你。

"你曾和我们的家庭守护神一同受到祀奉，我崇拜家神时也就崇拜了你。

"你曾活在我所有的希望和爱情里，活在我的生命里，我母亲的生命里。

"在主宰着我们家庭的不死的精灵的膝上，你已经被抚育了好多代了。

"当我做女孩子的时候，我的心的花瓣儿张开，你就像一股花香似的散发出来。

"你的软软的温柔，在我的青春的肢体上开花了，像太阳出来之前的天空上的一片曙光。

"上天的第一宠儿，晨曦的孪生兄弟，你从世界的生命的溪流浮泛而下，终于停泊在我的心头。

"当我凝视你的脸蛋儿的时候，神秘之感淹没了我；你这属于一切人的，竟成了我的。

"为了怕失掉你，我把你紧紧地搂在胸前。是什么魔术把这世界的宝贝引到我这双纤小的手臂里来呢？"

赏析

诗歌表达了作者对生命的礼赞，满怀着对母亲无限的爱意。

这样胎教更有效

阅读这首诗歌，孕妈妈能感受到生命的美好，体会生命带来的温暖与感动。

___年___月___日

孕___月___周___天

离预产期还有_____天

赏析

《致爱丽丝》是路德维希·凡·贝多芬谱写的一首钢琴曲。旋律非常优美动听，节奏轻松愉快。乐曲前半部分好似贝多芬有好多话要向情人诉说，后半部分好像两个人在亲切地交谈。

这样胎教更有效

孕妈妈可以一边聆听着优美的曲调，一边和胎宝宝聊聊天。这可以增加亲子互动，让胎宝宝感受到自己对他的爱。

第6周 甜蜜的负担

这一周是一个既甜蜜又略感负担的阶段，此时的胎宝宝没有太大的变化，但是此时的孕妈妈开始容易情绪焦虑，感到恶心、想吐、疲惫了。此时应该以缓解孕吐、振奋食欲、调节情绪为主！

Day 36
营养胎教：开始孕吐了，这样吃

＿＿年＿＿月＿＿日

孕＿＿月＿＿周＿＿天

离预产期还有＿＿＿＿＿＿＿＿天

孕妈妈最担心的孕吐在这一阶段就开始了，做好准备了吗？由于孕期激素继续增加，会让孕妈妈更容易感到恶心，一天到晚都想吐。那么孕吐的时候如何调整饮食就成了大问题。这个阶段准爸爸就需要尝试一些方法，来与孕妈妈共度难受的孕吐期。

◇饮食应注意营养均衡，注意吃一些清淡可口、容易消化的食物。

◇尽可能照顾孕妈妈此时的饮食偏好，如酸的、甜的、咸的、辣的，但注意要营养且适量。

◇注意吃一些富含优质蛋白质的食物，如瘦畜肉、鱼、虾、豆制品等。

◇以少食多餐为好，想吃就加餐。

◇避免吃高脂肪的食物，因为它们需要更长的时间才能消化。

◇恶心呕吐比较严重时，可以尝试吃一些体积小且含水分少的食物，如饼干、鸡蛋、巧克力等。

◇进食后如果呕吐很厉害，可做深呼吸动作，再缓缓进食。

Day 37

情绪胎教：
调整心情应对孕吐

___年___月___日

孕___月___周___天

离预产期还有_____天

很多孕妈妈初次面对孕吐的时候，都会很紧张、很焦虑，甚至吃不下饭，又担心胎宝宝营养跟不上出现发育不良等问题，让孕妈妈心理上备受煎熬。

其实，孕吐是怀孕早期一种常见的症状，是正常的生理反应，并不是一种病。一般在怀孕3个月左右时，症状会自然消失，对孕妈妈和胎宝宝身体没什么大的影响。如果孕妈妈没能及时调整心情，心里过于紧张、情绪过于稳定，反而会令孕吐反应加重。

因此，这 阶段，孕妈妈要正确面对孕吐，及时调整心态，适当休息，注意调整饮食。心里要时常暗示自己：孕吐其实是正常的妊娠反应。这样有助于调节因孕吐造成的诸多不良反应哦！

Tips

如果孕吐较重则需要积极到医院就诊，必要时接受住院治疗，防止身体发生脱水及酸中毒，影响母体的健康及胎宝宝的正常生长发育。当然，这种情况还是比较少见的，建议孕妈妈放松心情。

Day
38
美育胎教：
民间艺术——青花瓷

——年——月——日

孕——月——周——天

离预产期还有_____天

赏析

青花瓷又称白地青花瓷，常简称青花，青花运用天然钴料在白泥上进行绘画装饰，再罩以透明釉，然后在高温1300℃上下一次烧成，使色料充分渗透。

这幅儿童青花瓷绘画，演绎了青花瓷的多样纹样，对青花瓷造型和纹样进行了详细的勾勒。同时，纹样色彩阴刻和阳刻的填充，表现了青花瓷阴刻和阳刻的搭配，不同的阴刻阳刻会有不一样的效果。

这样胎教更有效

青花瓷被誉为人间瑰宝，它的颜色蓝白相映，花纹淡雅精美，特别漂亮！我的胎宝宝，你看到眼前的这张青花瓷画了吗？它是出自一位小朋友之手哦！是不是很厉害！画面中运用了小鸟、孔雀、树枝的元素，生动有趣。

名师点评

造型严谨，花纹绘制细致且生动，装饰疏密节奏得当，加上八宝阁的设计，是一幅非常有古韵的作品。

——年——月——日

孕——月——周——天

离预产期还有＿＿＿＿＿＿天

准爸爸搂着孕妈妈躺在沙发上，手里捧着故事书，给孕妈妈讲故事，孕妈妈摸着肚子，耐心地听着，心里美滋滋的……

东汉鲁国时期，有一个叫孔融的孩子，从小就十分聪明，也非常懂事。四岁时，他就能背诵许多诗词，并且还懂得礼节，父亲母亲都非常喜爱他。孔融还有五个哥哥，一个弟弟，兄弟七人相处得十分融洽。

有一天，孔融的父亲带来一盘梨子放在桌子上，给孔融和他的兄弟们吃。哥哥们让孔融和最小的弟弟先拿。孔融看了看盘中的梨子，发现梨子有大有小，便拿了其中一个最小的梨子。父亲看见孔融的行为，很是欣慰。于是他问孔融："盘子里这么多的梨，为什么不拿大的，只拿一个最小的呢？"

孔融回答说："我年纪小，应该拿最小的，大的应该留给哥哥和弟弟吃。"

父亲接着问道："弟弟不是比你还要小吗，那他应该拿最小的一个才对呀？"

孔融说道："我比弟弟大，我是哥哥，应该把大的留给小弟弟吃。"

对胎宝宝说

宝贝！小孔融的谦让行为，是值得我们学习的，以后你长大了也要懂得谦让，不能只顾自己。

Day
40
语言胎教：
朗读古诗《春江花月夜》

——年——月——日

孕——月——周——天

离预产期还有_____天

春江花月夜

文/张若虚

春江潮水连海平，海上明月共潮生。滟滟随波千万里，何处春江无月明。
江流宛转绕芳甸，月照花林皆似霰。空里流霜不觉飞，汀上白沙看不见。
江天一色无纤尘，皎皎空中孤月轮。江畔何人初见月？江月何年初照人？
人生代代无穷已，江月年年望相似。不知江月待何人，但见长江送流水。
白云一片去悠悠，青枫浦上不胜愁。谁家今夜扁舟子？何处相思明月楼？
可怜楼上月徘徊，应照离人妆镜台。玉户帘中卷不去，捣衣砧上拂还来。
此时相望不相闻，愿逐月华流照君。鸿雁长飞光不度，鱼龙潜跃水成文。
昨夜闲潭梦落花，可怜春半不还家。江水流春去欲尽，江潭落月复西斜。
斜月沉沉藏海雾，碣石潇湘无限路。不知乘月几人归，落月摇情满江树。

赏析

诗中汇集了春、江、花、月、夜这5种事物，表现出了人生中最动人的良辰美景，充满了诗情画意。

这样胎教更有效

孕妈妈可以在一边阅读的时候，一边听一听《春江花月夜》这首古曲，体会乐曲中流淌出来的欢快、优美、和谐的景象。

43

Day
41

**准爸爸胎教：
对孕妈妈做到体贴陪伴**

——年——月——日

孕——月——周——天

离预产期还有——————天

　　这一阶段的孕妈妈孕早期反应比较明显，此时准爸爸的体贴陪伴对孕妈妈来说是一剂良药，因此准爸爸在生活上要尽量体贴和照料妻子，在情绪上要积极带动孕妈妈甩掉坏心情。

　　◇准爸爸可以为孕妈妈讲一些幽默的故事和笑话，使妻子心情开朗。

　　◇准爸爸不要在孕妈妈心情不好的时候和孕妈妈计较。面对情绪低落的孕妈妈，准爸爸要尽量表现出大度，帮助孕妈妈控制情绪。

　　◇准爸爸还可以帮孕妈妈按摩，帮助孕妈妈缓解孕吐带来的身体压力，而这不仅让孕妈妈感到舒适，还会增进夫妻间的感情。

　　◇利用闲暇时间，准爸爸可以多陪孕妈妈出去走走，让她多呼吸点儿新鲜空气，对健康地孕育胎宝宝有益。

Day 42

音乐胎教：
《洋娃娃和小熊跳舞》

———年———月———日

孕———月———周———天

离预产期还有_____天

洋娃娃和小熊跳舞，跳呀跳呀一二一。
他们在跳圆圈舞呀，跳呀跳呀一二一。
小熊小熊点点头呀，点点头呀一二一。
小洋娃娃笑起来啦，笑呀笑呀哈哈哈。
洋娃娃和小熊跳舞，跳呀跳呀一二一。
他们跳得多整齐呀，多整齐呀一二一。
我们也来跳个舞呀，跳呀跳呀一二一。
我们也来跳个舞呀，跳呀跳呀一二一。

扫一扫即可听
《洋娃娃和小熊跳舞》

赏析

《洋娃娃和小熊跳舞》是一首波兰儿歌，快乐的旋律，优美的歌词，给人一种欢快愉悦的感觉，深受大家的喜爱。

这样胎教更有效

孕妈妈跟着旋律迈起欢快的步子吧！会弹琴的孕妈妈还可以边弹琴边哼唱起来，让胎宝宝感受欢快的音乐，仿佛与洋娃娃和小熊一起玩耍。

好心情很重要

由于早孕反应，孕妈妈的情绪波动会很大。所以，为了宝贝的健康，孕妈妈没有什么比有一个好心情更重要的事情了，所以努力平复情绪，让自己开心吧！

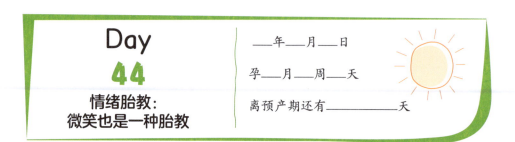

Day 43
营养胎教：
准备一些可口的小零食吧

——年——月——日

孕——月——周——天

离预产期还有＿＿＿＿＿天

这一周孕妈妈会出现胸闷、没有食欲的情况。这个时候，孕妈妈也许吃不下去饭，但是怀孕了，还是要补充营养，不妨为自己准备一些适合吃的小零食。

可以选择一些低糖、低热量、高膳纤维的零食，如红枣、栗子、花生、核桃等。只要选择得当，零食也可以吃出健康，为胎宝宝的聪明健康加分。

Day 44
情绪胎教：
微笑也是一种胎教

——年——月——日

孕——月——周——天

离预产期还有＿＿＿＿＿天

微笑，总是能将阴霾清除。孕期的孕妈妈如果每天多一些微笑，保持愉悦的心情，就会潜移默化地感染胎宝宝。

其实，微笑本身就是一种胎教。虽然，腹中的胎宝宝还看不见孕妈妈的表情，但是他能感受到孕妈妈的喜怒哀乐。孕妈妈的快乐，是会传递给胎宝宝的。久而久之，胎宝宝会在生理、心理各方面接受这种愉悦的情绪，有利于胎宝宝的健康成长。

Day 45

美育胎教：
简笔画《小兔子》

____年____月____日

孕____月____周____天

离预产期还有_____天

1.画出两只长耳朵。

2.画出小兔子的脸，上窄下宽。

3.画出微笑的眼睛。

4.画出小鼻子和微笑的嘴。

5.画出两边的小胡须。

6.画出小身子和挥动的小手。

7.画出后面的小尾巴和小腿，再为小白兔画上花裙子，最后记得涂上颜色哦！

Tips

　　可爱的小兔子画完了，开动了脑筋，锻炼了动手能力！宝贝，你在肚子里是不是也在学习如何画一只可爱的小兔子呢？学会了吗？

Day
46 ～ 47
故事胎教：
三只小猪

___年___月___日

孕___月___周___天

离预产期还有_____天

　　从前，有一只猪妈妈，她有三只可爱的小猪。一天晚上，吃过晚饭，猪妈妈把孩子们叫到面前郑重其事地说："你们已经长大了，应该独立生活了，你们可以有一个属于自己的房子了。"

　　三只小猪虽然很不想搬出去住，更不想自己动手盖房子，但是又不能不听妈妈的话。于是，他们开始琢磨盖什么样的房子。

　　老大首先扛来许多稻草，选择了一片空地，在中间搭了一座简易的稻草屋，然后用草绳捆了捆。"哈哈！我的草房子盖好了！"老大乐得活蹦乱跳。

　　第二天，老大搬进了自己的新家，老二和老三好奇地前来参观。老二看到老大的房子太简陋了，发誓要盖一座又漂亮、又舒适的房子！于是，老二跑到山上砍了许多木头回来，锯成木板、木条，叮叮当当敲个不停。不久，老二也盖好了自己的木房子。显然这比老大的要漂亮、结实得多。

　　老二很快搬到自己的新家住了，老大和老三也过来参观。老大赞不绝口，深感自己的房子过于简陋。

　　老三回到家左思右想，决定盖一间更好的房子，最后决定建造一栋用砖石砌成的房子，因为这种房子非常坚固，不怕风吹雨打，可这需要付出多少努力啊？

　　老三每天起早贪黑，一趟一趟地搬回一块一块的石头，堆在一旁，再一块一块地砌成一面面墙。哥哥们休息了，他还在不停地干。这样整整过了三个月，老三的新房子也盖好了，他高兴极了！

　　三只小猪开心地住在属于自己的房子里，但是有一天来了一只大灰狼。老大惊慌地躲进了他的稻草屋。大灰狼不费力气就把稻草屋推倒了。老大只好撒腿就跑。老大赶紧跑到老二家，边跑边喊："二弟！快开门！救命啊！"老二打开门一看，一只大灰狼追了过来，赶紧让老大进了屋，关好门。

　　大灰狼大声说道："你们以为木头房子就能难住我吗？"他一下一下地向大门撞去。"哗啦"一声，木头房子被撞倒了。

兄弟俩又拼命逃到老三家，气喘吁吁地告诉老三所发生的一切。老三先关紧了门窗，然后胸有成竹地说："别怕！没问题了！"

大灰狼站在大门前，他知道房子里有三只小猪，可不知怎么才能进去。他只能故技重施，对着房门使劲撞，结果大灰狼撞得两眼直冒金星，再看房子，纹丝不动。

大灰狼只好想办法把三只小猪骗出来，于是满脸堆笑地请三只小猪一起去郊游。三只小猪很聪明，也很团结，并没有听大灰狼的哄骗。

大灰狼试了很多方法，想骗小猪们出来，但都没得逞，最后大灰狼气急败坏地爬上房顶，他想从烟囱溜进去。老三从窗口发现后，马上点起了灶台的火。大灰狼掉进火炉里，被熏得够呛，整条尾巴都被烧焦了。他号叫着夹着尾巴逃走了，再也不敢来找三只小猪的麻烦了。

Day
48
语言胎教：
朗读诗歌《面朝大海，春暖花开》

——年——月——日

孕——月——周——天

离预产期还有——————天

面朝大海，春暖花开

文/海子

从明天起，做一个幸福的人

喂马，劈柴，周游世界

从明天起，关心粮食和蔬菜

我有一所房子，面朝大海，春暖花开

从明天起，和每一个亲人通信

告诉他们我的幸福

那幸福的闪电告诉我的

我将告诉每一个人

给每一条河每一座山取一个温暖的名字

陌生人，我也为你祝福

愿你有一个灿烂的前程

愿你有情人终成眷属

愿你在尘世获得幸福

我只愿面朝大海，春暖花开

赏析

这是一首抒情诗，表达了诗人渴望幸福、向往幸福生活的美好愿望。

这样胎教更有效

孕妈妈，你的幸福生活是什么样的呢？不妨也告诉腹中的胎宝宝吧，把你的幸福感受传递给他。

《小星星变奏曲》是由莫扎特于 1778 年所创作的钢琴曲。该曲的旋律后来被改编成广泛传唱的童谣《小星星》。

赏析

乐曲节奏与旋律单纯质朴，莫扎特为它配上了十二段可爱又富有魅力的变奏，使得音乐一直自然而愉快地流淌着，生动地表现了小星星活泼可爱、变幻多端的模样。

这样胎教更有效

孕妈妈不如一边哼唱《小星星》这首童谣，一边教胎宝宝画出小星星的可爱模样吧！

画颗小星星吧！

第8周 面部特征明显啦

胎宝宝的五官要开始发育啦，眼睛、鼻子、嘴巴已经逐渐长出了属于自己的小模样！这个星期，孕妈妈可能会去医院检查，记得检查的时候要摆正心态，坚信宝宝是健康的！

Day 50

营养胎教：
主打营养素——叶酸

___年___月___日

孕___月___周___天

离预产期还有_____天

作用： 防止孕妈妈贫血、早产，防止胎儿畸形。

食补： 孕妈妈要常吃富含叶酸的食物，如深绿叶蔬菜（菠菜、油菜、小白菜等），动物肝脏（鸡肝、猪肝等），谷类食物（大麦、小麦胚芽等），豆类、坚果类食品（黄豆、绿豆、豆制品、花生、核桃等），新鲜水果（橙子、草莓等）。

药补： 口服叶酸片来保证每日所需的叶酸。最好在怀孕前就开始每天服用400微克的叶酸。

Day 51

情绪胎教：
打扮自己会让心情变好

___年___月___日

孕___月___周___天

离预产期还有_____天

怀孕了，孕妈妈可以花一些心思打扮自己。一方面，精心打扮自己，对自己的容颜、服装花心思会使孕妈妈转移怀孕不适的注意力，忘掉妊娠中各种不快的感受；另一方面，孕妈妈打扮漂亮了，气色也会变好，自我心态上可以保持自信、乐观、积极向上。

Day
52
美育胎教：
制作手指画——小金鱼

——年——月——日

孕——月——周——天

离预产期还有_____天

小金鱼，眼睛大，红白粉绿花衣裳，水儿清，草儿绿，游来游去捉迷藏！

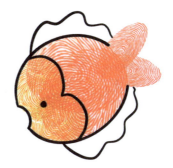

Tips

　　手指是世界上最灵巧的"画笔"，用手指作画，在手指上蘸上颜料，在画纸上简单一摁，画出来的画就叫作手指画。只要有足够的想象力，就可以自由尝试、自由创作，孕妈妈赶紧动动手指，在自娱自乐的同时，还能提前锻炼宝宝的想象力和创造力。

　　想象一条活灵活现的小鱼，游来游去，就像胎宝宝在孕妈妈肚子里一样，快乐地玩耍着，自由自在！

Day 53

故事胎教：
乌鸦喝水

____年____月____日

孕____月____周____天

离预产期还有_____天

这一天，天气特别炎热，一只从远处飞过来的乌鸦口渴极了，到处找不到水喝，它在低空盘旋着找水喝。找啊找，乌鸦终于发现了不远处有一个水瓶，于是它高兴地飞了过去，正准备痛快地喝水，它突然意识到里面只有半瓶子水，瓶口又小，瓶颈又长，它的嘴没办法喝到水。这可怎么办呢？

乌鸦站在瓶子边的石头上，想着如果把水瓶撞倒，水流出来不就可以喝到水了嘛！可是水瓶太重了，乌鸦用尽了全身的力气，水瓶仍然没有动。

乌鸦又渴又气，想着把瓶子用石子砸碎，于是它用嘴叼起旁边的一块石子朝着瓶子扔了过去，没想到石子不偏不倚正好落进了水瓶里，瓶子一点儿也没破。但是细心的乌鸦却发现，石子掉进瓶子里后，里面的水好像比原来涨高了一点儿。这下，乌鸦有了一个好办法，它连忙用嘴继续叼起一块石子投进了水瓶里，水又升高了一些，就这样乌鸦不断地叼来石子往瓶子里面扔，随着石子的增多，水瓶里的水也慢慢向上升，终于水瓶里的水升到瓶口了，而乌鸦也喝到了水，心里是那么痛快、舒畅。

对胎宝宝说

宝宝，这个小乌鸦真是聪明，对不对？

以后，你遇到了困难，也要像小乌鸦一样，积极地想办法，解决难题。

千万不能害怕困难，要开动小脑筋哦！

妈妈相信你，你也可以用自己的聪明智慧解决困难的，你也要相信自己哦！

明理

这个故事告诉我们，遇到难题，不气馁，开动脑筋，就能想到办法。

Day
54
语言胎教：
带胎宝宝认识五官

____年____月____日

孕____月____周____天

离预产期还有_____天

　　"宝贝，和妈妈一起来做个游戏好吗？这个游戏的名字叫认识五官。现在你跟着妈妈一起进行哦！"

耳朵耳朵听声音 （一起捏捏耳朵）

眼睛眼睛看东西 （一起眨眨眼睛）

鼻子鼻子闻气味 （一起点点鼻子）

嘴巴嘴巴尝味道 （一起嘟嘟嘴巴）

　　此时，胎宝宝也许还不知道怎么和妈妈互动，但是只要你用心和他去讲，去完成一些有趣的小游戏，哪怕在心里与胎宝宝这么互动着做游戏，胎宝宝也会有所体会，心里也会美滋滋的！

Day
55 ~ 56
准爸爸胎教：
陪孕妈妈见证胎宝宝的成长

____年____月____日

孕____月____周____天

离预产期还有_____天

　　准爸爸在孕妈妈怀孕期间始终扮演着不可缺少的重要角色，准爸爸可以多多参与进来，一起见证胎宝宝成长的每个阶段。

　　例如，在怀孕初期，准爸爸每天可以多抽时间陪伴妻子，制定一家人的胎教内容。怀孕后期，准爸爸可以陪伴孕妈妈拍摄孕妇写真，记录最美瞬间。而且，准爸爸最好能陪同孕妈妈去学习怀孕和分娩知识，陪孕妈妈产前检查。

　　此外，准爸爸还可以跟孕妈妈一起聊天，一起规划胎宝宝未来成长的蓝图。这样，不仅妻子的心情更好了，而且也能培养胎宝宝的好气质、好性格，更能增强今后的亲子关系。

第3个月（9～12周）
为胎宝宝打好脑部发育基础

　　从这个月开始，胚胎正式可以叫作"胎儿"了！小宝宝所有的器官、肌肉和神经逐渐开始工作。这是整个孕期的一个关键时期，所以要开始做好脑部发育的胎教训练了！

保持情绪稳定

没有什么比保持孕妈妈好心情更重要的事情啦，虽然怀孕前期会出现各种不舒服，但是为了孩子，一切都是值得的！

Day 57
营养胎教：要开始着重补铁了

___年___月___日

孕___月___周___天

离预产期还有_____天

怀孕后由于孕妈妈的血容量增加，使红细胞相对不足，容易出现头晕眼花的情况。如果缺铁严重的话还会造成孕妈妈贫血，甚至容易出现水肿、妊娠中毒症、心功能障碍，还会使胎宝宝发育不良、体重偏低、早产甚至死亡。

适时补铁很重要，有专家表示孕早期孕妈妈每天应至少摄入 15 ~ 20 毫克的铁。因此，此时孕妈妈应该多吃一些含铁丰富的食物，如奶类、蛋类、瘦肉、豆制品、动物肝脏等，还需要多吃西红柿、绿色蔬菜、红枣、柑橘等富有铁质的食品等。

Tips

血红蛋白低于100克／升的孕妈妈，应遵医嘱补充各种铁剂及维生素，直到血红蛋白恢复正常为止。

Day
58
情绪胎教：
孕妈妈如何保持好心情

___年___月___日

孕___月___周___天

离预产期还有_____天

这一周孕妈妈的情绪起伏不定，会紧张、不舒服。这个时候的孕妈妈拥有一个好的心情格外重要。以下几个小方法可以让孕妈妈心情美美哒！

1.做一做简单的瑜伽：可以进行轻柔的动作，来减轻身体的压力，瑜伽运动可刺激内啡肽的产生，让母体与胎儿都心情愉快。这也是胎教的一种，但是要注意选择动作幅度小的动作，以免伤害到肚子里的胎宝宝。

2.逛一逛网页，为自己买几件漂亮的孕妇装，或者提前开始为胎宝宝挑选衣物用品。女人买东西的时候最开心了，但是孕妈妈在逛网页的时候要记得劳逸结合，不能用眼过度，太过劳累。

Day
59

美育胎教：
黏土手工——小兔子

——年——月——日

孕——月——周——天

离预产期还有——————天

1. 准备黏土和工具。

2. 用黏土揉出兔子的大致轮廓，揉出一个胖乎乎的椭圆形。

3. 揉出两个红色的小眼睛，贴在小兔子的头上，然后用工具画上小兔子的三瓣嘴。

4. 用粉红黏土制作出兔子的长耳朵，贴在头上。

5. 别忘了弄一个小尾巴，贴在小兔子屁股上，简单又可爱的黏土小兔子就制作完毕了！

Day
60
故事胎教：
铁杵磨成针

——年——月——日

孕——月——周——天

离预产期还有_____天

唐代诗人李白，年少的时候非常调皮，不喜欢读书，经常趁着先生不注意的时候悄悄溜出去玩。

有一天他在河边玩耍，看见有个老婆婆手里拿着一根很粗的铁棒，在石头上不停地磨着。李白好奇，于是走上前去问："老婆婆，您这是在干什么呢？"老婆婆一边认真地磨着铁棒，一边和李白说道："我在磨针。"李白很疑惑地说："老婆婆您手里明明是一根很粗的铁棒啊，怎么能磨成针呢？"老婆婆笑着对李白说："铁棒虽然又粗又大，但只要我每天不停地磨呀磨，总会磨成细针的。"

老婆婆说完，又继续认真地磨着铁棒。小李白被老婆婆这种不怕困难、做事情有恒心、坚持不懈的精神深深打动。

从此，他认真刻苦地学习，坚信只要坚持不懈地努力就能成功，最终他成为一名伟大的诗人。

明理

坚持不懈，再困难的事情都能成功！

这样胎教更有效

孕妈妈或者准爸爸给胎宝宝分享这个故事的时候，也要告诉他这个道理哦！在肚子里的胎宝宝已经听过这个故事，心里留下一道印记，长大后再听这个故事，记忆难免会更深刻，相信今后的他也能如小李白与老婆婆一样有毅力、有恒心！

Day
61

准爸爸胎教：
陪孕妈妈和胎宝宝聊天

___年___月___日

孕___月___周___天

离预产期还有_____天

有研究表明，胎宝宝其实很喜欢爸爸低沉、温柔的声音。所以准爸爸有空要多和胎宝宝聊天，既锻炼了胎宝宝的语言能力，还陪伴了孕妈妈，增进了亲子和夫妻感情。

聊天的时候，准爸爸可以轻轻地摸着孕妈妈的肚子，然后和胎宝宝打个招呼，告诉他今天听到的趣事及家里的生活情况等一些开心的小事。

Day
62

音乐胎教：
童谣《小白兔》

___年___月___日

孕___月___周___天

离预产期还有_____天

脍炙人口的《小白兔》童谣，相信孕妈妈和准爸爸都会唱，一起唱这首童谣吧！

小白兔，白又白，

两只耳朵竖起来，

爱吃萝卜和青菜，

蹦蹦跳跳真可爱。

准爸爸还可以模仿小兔子一蹦一跳的样子，哄孕妈妈和胎宝宝开心！

——年——月——日

孕——月——周——天

离预产期还有——————————天

孕早期，孕妈妈也许还没有出现明显的身体不适的问题，这个时候可以进行一些简单的放松动作，一方面调整心情，另一方面能放松身体。尤其是上班的孕妈妈，坐在办公室一天了，身体多少有些疲倦，站起来简单地扭一扭，放松身心。

具体做法：

1. 双腿打开与肩同宽，站好。
2. 双手扶在腰上，左右运动腰部。左右反复做 5 ~ 10 次。

Tips

孕妈妈在做这套动作的时候注意幅度不要太大，以免伤到肚子里的胎宝宝哦！

慢慢长成一个小人啦

此时的胎宝宝已经算是一个小人了，每天都在飞速地长大，开始加强各种胎教训练吧！

Day 64

美育胎教: 欣赏诗歌《笑》

___ 年 ___ 月 ___ 日

孕 ___ 月 ___ 周 ___ 天

离预产期还有 _____ 天

笑

文/林徽因

笑的是她的眼睛，口唇，
和唇边浑圆的漩涡。
艳丽如同露珠，
朵朵的笑向，
贝齿的闪光里躲。
那是笑——神的笑，美的笑；
水的映影，风的轻歌。

笑的是她惺忪的鬈发，
散乱的挨着她耳朵。
轻软如同花影，
痒痒的甜蜜，
涌进了你的心窝。
那是笑——诗的笑，画的笑；
云的留痕，浪的柔波。

赏析

诗歌中描绘的是少女高雅、纯洁的笑。在露珠与花影间，阳光的气息扑面而来；在轻歌和柔波中，纯粹的美丽尽现眼前。

这样胎教更有效

宝宝，你知道吗，妈妈在少女时期也同样拥有这样天真、烂漫的笑容，现在做了你的妈妈，妈妈的笑容变得更加美丽动人了。谢谢你，宝贝！

Day
65 ～ 66
故事胎教：灰姑娘

——年——月——日

孕——月——周——天

离预产期还有——————天

从前，有一个非常漂亮并且心地善良的姑娘。但是她却有一位恶毒的继母和两位心地不好的姐姐。她们经常欺负她，让她去做粗重的活。她经常弄得满身灰尘，因此大家都叫她"灰姑娘"。

有一天，国王宣布要为自己的儿子选择未婚妻，要举办一个盛大的宴会，很多适龄女孩子都想去参加。灰姑娘看到两个姐姐在精心打扮准备去参加宴会，灰姑娘也很想去。但是继母不想让她参加，就给她安排了很多工作，灰姑娘伤心极了！

就在这时，有一位仙女出现了，她把老鼠变成了马夫，南瓜变成了马车，又为灰姑娘换上了一套漂亮的衣服和一双水晶鞋，灰姑娘顿时变成了一个漂亮而高贵的小姐。仙女说："你可以坐马车去参加宴会了，但是你一定要在午夜十二点之前回来，不然我的魔法就自动解除了。"灰姑娘高兴地答应了，穿着漂亮的衣服坐着马车前

往皇宫去了。

当她来到舞会上，人人都被她的美貌所吸引，她的两个姐姐根本没认出来她。王子看到了灰姑娘也被她美丽的样子迷住了，立即上前去邀她共舞。时光过得很快，眼看就要到十二点了，灰姑娘不得不赶紧离开这里，而王子不想让灰姑娘离开，她没有办法，只能飞快地逃走了。但是，灰姑娘在仓促间，掉下了一只水晶鞋。

第二天，王子带着水晶鞋想找到这位姑娘，于是派大臣全国探访，声称："只要有女孩能穿上这只水晶鞋，我就娶她为妻。"

经过一段时间的寻找，王子终于得知了灰姑娘的住处。当王子来到灰姑娘家里的时候，她的两个姐姐争相去试那双水晶鞋。可惜的是，老大的大脚趾太大穿不进去，鞋子对她来说，实在是太小了。老二也来试穿，她倒算有点运气，脚趾头都穿进去了，不料脚后跟又太大，也没办法穿上。

最后，她的继母不得不让灰姑娘来试这双鞋，灰姑娘坐在一张小凳上，脱下笨重的木头鞋，把脚伸进水晶鞋中，一下子就穿上了，再合适不过了。

王子开心地走到她的面前，看清楚她的脸后，马上认出了她，于是兴奋地说道："这才是我真正的未婚妻！"

就这样，王子和善良的灰姑娘很快就举行了婚礼，幸福地生活在一起。

明理

灰姑娘虽然每天干了很多工作，灰头土脸的，但是她有一颗善良的心。所以得到了小仙女的帮助，最终过上了幸福生活。

你可以这样告诉宝贝

我们要像灰姑娘一样，哪怕生活不如意，也要时刻保持一颗善良的心，才会收获幸福哦！

Day 67

运动胎教：金刚坐

—— 年 —— 月 —— 日

孕 —— 月 —— 周 —— 天

离预产期还有 _____ 天

当孕妈妈紧张、焦虑、担心时，用金刚坐的姿势坐下来放松，并搭配冥想，可以帮助孕妈妈放松身心，给胎宝宝一个宁静的氛围，还能帮助消化，增加孕妈妈骨盆肌肉的力量。

具体做法：

1.双膝着地跪在毯子上，双脚脚趾并拢，足跟向两侧分开并放下，稳稳地坐在脚跟上，让脚跟碰到臀部。双手自然放在大腿上。耳朵、肩膀和髋部在同一条直线上，挺直背部，两眼平视前方。

2.慢慢抬高臀部，向里勾脚，让脚趾朝里，脚跟朝外。臀部靠在脚跟上，呈跪立姿势。轻轻地呼吸，保持这个姿势不动，时间以你感觉舒适为限，最好能保持3分钟左右。

3.还原舒服的坐姿，休息一会儿。

Tips

在整个运动中保持舒适的吸气和呼气状态，但这个体位不适合膝盖和脚踝有伤的孕妈妈。

Day 68

联想胎教：
猜猜宝宝更像谁

___年___月___日

孕___月___周___天

离预产期还有_____天

未出生的宝宝将来是什么样子？他会更像爸爸，还是妈妈？准爸爸和孕妈妈在空闲时光，不妨一起坐下来，画出宝宝的样子吧！

Day 69

准爸爸胎教：
给上班的孕妈妈做按摩

___年___月___日

孕___月___周___天

离预产期还有_____天

身在职场的孕妈妈，坐了一天，每天下班后，肩部与脖子多半会比较僵硬酸痛，这个时候，准爸爸不妨在孕妈妈饭后半小时给她做颈部与背部按摩吧！这样既可以缓解孕妈妈的身体疲劳，又能增进夫妻感情，让孕妈妈心情愉悦。

孕妈妈最好不要趴着，以免压着胎宝宝。准爸爸的按摩力度也不要太大哦！

——年——月——日

孕——月——周——天

离预产期还有_____天

赏析

《仲夏夜之梦》序曲是门德尔松在 17 岁时创作的钢琴曲，曲调明快、欢乐。

全曲流露出青春活力的气息，展现了神话般的幻想、大自然的神秘色彩和诗情画意的美妙。

这样胎教更有效

孕妈妈在睡前听一段这样美妙的音乐，无论有什么不开心的事情都可以忘记，同时可以帮助孕妈妈更加安稳地入梦，还能促进胎宝宝的身心发育，培养宝宝的音乐天赋呢！

快来搜索听听吧！

大脑迅速发育

此时的胎宝宝大脑正在飞速发育着，准爸妈们要做一些有利于胎宝宝大脑神经发育的胎教，这很关键哟！

Day 71

营养胎教：
吃点坚果帮助大脑发育

———年———月———日

孕———月———周———天

离预产期还有——————————天

孕期，孕妈妈可以常备一些坚果等小零食，适当食用小零食不仅不会导致发胖，而且对自身的营养补给和胎宝宝的大脑发育都有益处。

好处 1： 富含不饱和脂肪酸及其他营养物，这些营养物质均有助于胎宝宝的身体及大脑发育。

好处 2： 富含多种氨基酸与优质蛋白质。氨基酸是构成脑神经细胞的主要成分，优质蛋白质也是胎宝宝身体发育首先需要的营养成分。

好处 3： 含有丰富的 B 族维生素和维生素 E，对脑发育和血管发育均有好处。

好处 4： 含有的亚油酸、亚麻酸能合成 DHA 和 AA，对视网膜的完善有促进作用。

孕妈妈吃坚果要适量哦！
吃多了不容易消化！

Tips

孕期内食用坚果的好处的确很多，但是口味太重的坚果最好不要食用。现在市面上对坚果的加工手段很多，很多加工过程中都添加了一些添加剂，对孕妈妈和胎宝宝都不利，可以选择购买原味坚果或者买来生的坚果自己加工。

Day 72

美育胎教：
欣赏名画《拾穗者》

——年——月——日

孕——月——周——天

离预产期还有——————天

秋季收获后，在金黄色的阳光照耀下，几名妇人从地里捡拾剩余麦穗的画面，表现了一种自然又简朴的田园之美，劳动人民是不是特别美？

这样与宝贝说话

宝贝，你知道吗？秋季是收获的季节，勤劳的农民在田地里忙碌地秋收，他们辛勤而朴实，值得我们称赞和学习！

Day 73

运动胎教：
踝关节运动

——年——月——日

孕——月——周——天

离预产期还有——————天

促进血液循环，并增强脚部肌肉。

孕妈妈坐在椅子上，一条腿放在另一条腿上面，下面一条腿的脚在地面踏实，上面的腿缓缓活动踝关节数次，然后将足背向下伸直，使膝关节、踝关节和足背连成一条直线。两条腿交替练习上述动作。

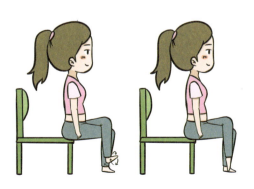

Day
74
故事胎教：
小壁虎借尾巴

——年——月——日

孕——月——周——天

离预产期还有_____天

每一个小动物的尾巴都有他们各自的用处，小壁虎的尾巴就很神奇，他的尾巴断了，但是却很快能长出来。我的宝贝，听完这个故事，你悄悄地告诉妈妈，到底神奇不神奇，好不好？

有一天，小壁虎正在墙角捉蚊子，一条蛇咬住了它的尾巴。小壁虎一挣，尾巴就被咬断了。没有尾巴多难看啊！小壁虎心里难过极了，于是想借一条合适的尾巴。

小壁虎爬到屋檐下，他看见燕子在空中摆着尾巴飞翔，美慕极了，于是他想，他可以借燕子的尾巴呀！于是，小壁虎对燕子说："燕子阿姨，您能把您的尾巴借给我吗？"燕子说："不行呀，我飞的时候，需要用尾巴来控制方向。"小壁虎很失望，于是告别了燕子，继续去借尾巴。

小壁虎爬呀爬，爬到了小河边。他看见小鱼在河里摇着尾巴游来游去，美慕极了！于是小壁虎爬过去说："小鱼姐姐，您的尾巴借给我行吗？"小鱼说："不行啊，我要用尾巴拨水呢。"小壁虎没有灰心，继续爬呀爬。

小壁虎又爬到大树上。他看见一头老黄牛甩着尾巴在树下吃草。小壁虎说："牛伯伯，您愿意把尾巴借给我吗？"老黄牛说："不行啊，我还要用尾巴赶蝇子呢。"

小壁虎借不到尾巴，心里很难过，只能爬回家，去找他的妈妈。一回到家，小壁虎就把借尾巴的事告诉了妈妈。妈妈听完，笑着说："傻孩子，你转过身子看看。"小壁虎转身一看，高兴地叫起来："我长出一条新尾巴啦！"

你可以这样告诉宝贝： >>>

看完了这个故事，我们才知道，小壁虎的尾巴是可以自己长出来的，很神奇吧！其实，这是小壁虎保护自己的一种方式。

Day 75

—年—月—日

孕—月—周—天

离预产期还有_____天

准爸爸胎教：
开动大脑找不同

聪明的准爸爸，带着孕妈妈和胎宝宝一起来找不同吧！这样既可以很好地进行亲子互动，还能促进胎宝宝的大脑发育，答案在右下方。

图1

图2

答案：

①少了一颗蘑菇。

②少了一条小鱼。

③小羊摆放的位置不一样。

④小鸟颜色不同。

⑤少了餐布上的碎花。

Day
76 ~ 77

绘画胎教：
涂色画——小黄鸭

___年___月___日

孕___月___周___天

离预产期还有_____天

　　孕妈妈，拿出准备好的彩笔，涂一涂这只小鸭子吧！让胎宝宝感受涂色画带来的乐趣！孕妈妈在涂色的过程中，可以边涂色，边带着胎宝宝认识小鸭子每个部位。例如，扁扁的嘴巴、黄色的羽毛、会拨水的脚掌……这样才能提高胎宝宝的认知能力。

味觉正在发育

第12周

这周的胎宝宝味觉发育逐渐完成了，小小的他已经开始知道酸和甜的味道啦！孕妈妈赶紧吃点有味道的食物吧，别忘了告诉胎宝宝其中的不同哦！

Day 78

美育胎教：
涂色画——太阳花

____年____月____日

孕____月____周____天

离预产期还有_____天

春有玉兰花，夏有太阳花，秋有菊花，冬有梅花。一年之计，花开烂漫，让我们一起为太阳花涂色吧，陶冶情操，美丽心情！

Tips

太阳花，代表着光明、乐观、勇敢。相信胎宝宝也将如太阳花一样，阳光、快乐、健康地成长！

Day 79

故事胎教：爱迪生孵小鸡

——年——月——日

孕——月——周——天

离预产期还有_____天

爱迪生小的时候就是个爱动脑筋的小孩，总是喜欢问很多问题，"这是什么呀？""那是为什么呀？"

爱迪生五岁的时候，有一天，他看见家里的母鸡老待在窝里一直不出来，于是爱迪生很好奇，就"喔喔喔"地叫着去赶它，可是母鸡依旧一动也不动。

这是怎么回事呀？爱迪生走过去把母鸡抱起来一看，发现窝里有一窝鸡蛋。难道是母鸡今天下了那么多的蛋吗？他连蹦带跳，跑去问妈妈。

"妈妈，妈妈，母鸡今天下了十几个蛋，这是怎么回事呀？"

"母鸡不是在下蛋，是怕蛋着凉了。"妈妈把爱迪生搂在怀里说，"妈妈抱着你，你不是就暖和多了吗？"

爱迪生觉得更加奇怪了，问道："妈妈，蛋也跟人类一样，会着凉吗？"

妈妈笑起来，告诉爱迪生，母鸡其实不是怕鸡蛋着凉，母鸡是在孵小鸡。母鸡用自己的身子盖在鸡蛋上，蛋就暖和了，蛋里面就会长出小鸡来，然后小鸡逐渐长大，就啄破了蛋壳，从蛋壳里钻出来了，最后就变成了你见到的小鸡了。爱迪生听了妈妈的话，觉得很稀奇，就继续去看母鸡怎么孵小鸡去了。

爱迪生去哪儿了？过了一个钟头，又过了一个钟头，妈妈都没见到爱迪生回来，于是赶忙去找爱迪生。啊，原来爱迪生在母鸡旁边也用柴草做了一个窝，里面放了许多蛋，他学着母鸡的样子，正蹲在鸡蛋上面孵小鸡呢！他想：母鸡蹲在鸡蛋上面会孵出小鸡来，我蹲在蛋上面，也一定能孵出小鸡来。

妈妈看见爱迪生这个样子，笑着走了过去，把爱迪生拉了起来，说："走吧，傻孩子。你这样是孵不出小鸡来的。"

爱迪生嘟着嘴巴说："妈妈，母鸡能孵出小鸡来，我为什么孵不出来呢？"

故事讲完了！宝贝，你是不是也被爱迪生可爱的样子逗乐了呢？天真可爱的爱迪生，喜欢思考，善于观察，值得宝贝去学习哦！

Day
80
语言胎教：
朗诵唐诗《春晓》

___年___月___日

孕___月___周___天

离预产期还有_____天

春晓

唐/孟浩然

春眠不觉晓，处处闻啼鸟。

夜来风雨声，花落知多少。

【译文】

春意绵绵，不知不觉就睡到了天亮，

醒来时到处都能听到鸟的叫声。

昨天夜里又是刮风又是下雨的声音，

不知道花儿被吹落了多少。

赏析

诗人抓住春天清晨刚刚醒来时的一番联想，描绘了一幅春天早晨绚丽多彩的景象，抒发了诗人热爱春天、沉醉于春光之美的美好心情。

胎教有话说

准爸爸，读一首小诗送给胎宝宝吧！告诉他春光之美，有鸟声、风声、雨声，还有落花的美妙。增进亲子关系的同时，还锻炼了胎宝宝的听力和感知力。

Day 81 ~ 82

运动胎教：简单颈部运动

___年___月___日

孕___月___周___天

离预产期还有 _____ 天

此时的孕妈妈还处在怀孕初期，孕妈妈不能进行动作太大的运动，所以适合进行一些简单的颈部舒缓运动，可以改善颈部的僵硬状态，达到松弛肌肉的效果。

具体做法：

1.孕妈妈盘坐在垫子上，或者坐在椅子上，保持腰背挺直，颈部尽量伸展放松，下颌略收。

2.头缓慢向前，屈颈低头，肩膀有向后牵引的趋势，直至颈肩肌肉感到绷紧为止，调整呼吸，保持5秒钟，然后缓慢放松回到原位。

3.头部缓慢偏向左侧，使右侧颈肩肌肉感到绷紧为止，脊背保持挺直，保持5秒钟，缓慢放松回到原位。

4.头部慢慢偏向右侧，与左侧式方向相反，动作一致，保持5秒钟，缓慢放松回到原位。

5.头缓慢向后，颈部向后，以后仰适度为好，调整呼吸，保持5秒钟，然后缓慢放松回到原位。

	1	2
3	4	5

Day 83

味觉胎教：尝尝酸和甜

___年___月___日

孕___月___周___天

离预产期还有_____天

此时，胎宝宝的味觉发育完成，他可以感受甜、酸等多种味道。所以，这时候孕妈妈应该吃各种味道的食物，最好做到五味俱全，以利于胎宝宝味觉的发育。

今天，孕妈妈可以找到代表酸和甜的食物，吃一吃，并告诉胎宝宝酸和甜。例如：酸酸甜甜的百香果，可以直接食用，也可以制成果汁。它不仅可以补充维生素C，还锻炼了胎宝宝的味觉。

Day 84

音乐胎教：《送别》

___年___月___日

孕___月___周___天

离预产期还有_____天

歌词

长亭外，古道边，芳草碧连天。
晚风拂杨笛声残，夕阳山外山。
天之涯，地之角，知交半零落。
一壶浊酒尽余欢，今宵别梦寒。

扫一扫即可听
《送别》

赏析

《送别》是李叔同于1915年创作的歌曲。曲调取自约翰·庞德·奥特威作曲的美国歌曲《梦见家和母亲》。

这样胎教更有效

这首歌曲一定勾起了孕妈妈的小情怀，仿佛自己也经历着这种送别的场景，但是心情不能因而低落哦，因为胎宝宝陪伴着你。

第4个月（13～16周）
让胎宝宝"全方位"地学习

孕四月啦！进入了孕中期。

这个时候，孕妈妈的孕吐反应已经逐渐消失了，你可以有个好胃口了。这个月你就要感受到美妙的"第一次胎动"了。这个时候胎宝宝对声音相当敏感，学习能力也很强，和他多说说话，多传递一些小知识，既可以培养他的学习力，还能锻炼他的听力、记忆力。

快速发育 营养不可少

胎宝宝进入生长发育的快速期，孕妈妈要注意合理且全面的营养摄入，不能偏食、挑食。

Day 85

营养胎教：均衡营养，营养素不可少

____年____月____日

孕____月____周____天

离预产期还有_____天

进入孕中期，大多数孕妈妈之前出现的孕吐及压迫感等将逐渐消失，身心安定，随之而来的就是食欲变得旺盛。这个时候的胎宝宝也进入了急速生长阶段，因此，孕妈妈这时需要补充充足的营养，加强饮食营养，适当摄取优质蛋白质、植物性脂肪、钙、铁、维生素等营养物质。

营养成分	所需量	食物来源
蛋白质	75～95 克 / 天	主要来源于肉类、豆及豆制品、奶及奶制品、蛋类
维生素E	14 毫克 / 天	主要来源于植物油、谷物胚芽、绿色植物、奶类、蛋类等
碘	120～150 微克 / 天	主要来源于海产品、根类食物、含碘食盐
钙	1000 毫克 / 天	主要来源于奶及奶制品、豆类及豆制品、深绿色蔬菜类

Day 86

情绪胎教：
找孕妈妈们一起聊天谈心

____年____月____日

孕____月____周____天

离预产期还有_____天

怀孕后，为了胎宝宝，孕妈妈不能随便出去了，对不工作的孕妈妈来说，空闲时间越来越多，只能待在家中看看电视，外出散散步。长期下去，孕妈妈的心情肯定会受到影响，开始觉得生活无聊又单调，这样也不利于胎宝宝发育。

这个时候，也许家人不能及时陪伴，准爸爸还在辛苦工作，那么多交几个孕妈妈朋友，或者有宝宝的妈妈朋友，大家在一起会有很多可聊的话题，一起分享孕期的点点滴滴，或者听听宝妈们说一说育儿的注意事项。

此外，平时和这些朋友还能一起逛街、散步、谈心，甚至还能举办一个孕妈妈们的聚会，邀请更多的孕妈妈一起。这样的社交活动，不仅丰富了孕妈妈的空闲生活，还能增加乐趣，缓解孕期不适。

Day
87
美育胎教：
油画《松树林之晨》

_____年_____月_____日

孕_____月_____周_____天

离预产期还有_____天

赏析

　　这幅油画作品是希施金的代表作之一。画面用色清新、明快、含蓄而丰富，充满了朝气，倾注着画家对大自然深厚的赤子之情。整幅画给人身临其境、心旷神怡之感。晨光为松树林涂上一层金辉，松林里充满了清新的空气。高大的松树林里一派生机勃勃，几只黑熊在嬉闹玩耍，为宁静的松树林增添了生机。

胎教有话说

　　孕妈妈看到几只小黑熊在林间玩耍，是不是很可爱！真希望肚子里的宝宝也能一样可爱、活泼，无拘无束地生活。

Day
88
故事胎教：
司马光砸缸

——年——月——日

孕——月——周——天

离预产期还有_____天

　　北宋时期，有一个很聪明的小孩，他就是司马光。司马光聪慧，喜欢动脑筋，与同龄的孩子相比，显得与众不同。

　　有一天，司马光和一群小孩在庭院的花园里面玩耍，大家你追我赶，玩得很高兴。一个调皮的小男孩站在大水缸上面玩，一不小心掉了进去。

　　水缸里满满的都是水，小男孩被吓到了，在水里挣扎着，大声喊："救命啊，救命啊！"这时，所有的小孩都被吓到了，惊慌失措，有的胆小的孩子，吓得哭了起来。

　　只有司马光十分冷静，努力为如何救出这个小孩想着办法。突然，他看到假山边上的石头，灵光一闪。他高兴地想到，"我可以用石头把水缸砸破啊"，于是他赶忙跑过去捡了一块不大不小的石头，用力举起石头朝水缸砸去，水缸破了个大洞，水哗哗地流了出来，小男孩也顺利被救了出来。

　　大家高兴得手舞足蹈，直夸司马光聪明机智。

明理

　　司马光用大石头砸破水缸，成功救出掉在水缸里的同伴。故事告诉我们：遇到事情要沉着冷静，不能慌，要敢于突破常规，用创新思维来解决问题。

对胎宝宝这样说

　　宝贝，爸爸告诉你哦，遇到任何问题，都要勇敢面对，还得冷静，不能着急哦，总能想到办法解决问题的。哪怕不成功也没事，尽力就好！

Day
89
语言胎教：
朗诵诗歌《你是人间的四月天》

____年____月____日

孕____月____周____天

离预产期还有_____天

你是人间的四月天

文/林徽因

我说你是人间的四月天；
笑响点亮了四面风；
轻灵在春的光艳中交舞着变。
你是四月早天里的云烟，
黄昏吹着风的软，
星子在无意中闪，
细雨点洒在花前。
那轻，那娉婷，你是，
鲜妍百花的冠冕你戴着，
你是天真，庄严，
你是夜夜的月圆。
雪化后那片鹅黄，你像；
新鲜初放芽的绿，你是；
柔嫩喜悦，
水光浮动着你梦期待中白莲。
你是一树一树的花开，
是燕在梁间呢喃，
——你是爱，是暖，是希望，
你是人间的四月天！

胎教有话说

孕妈妈在朗诵这首诗歌的时候，可以想象自己的小宝宝出生后的美好、幸福、快乐，并把这份情感实实在在地传递给胎宝宝，让宝宝感受一切都是那么美好，体会妈妈那份伟大的母爱。

Day
90 ~ 91
音乐胎教：
《快乐的农夫》

——年——月——日

孕——月——周——天

离预产期还有————————天

赏析

《快乐的农夫》是由德国浪漫主义作曲家、音乐评论家舒曼所创。整首曲调情绪欢快，轻盈跳跃。仿佛勾勒出一个卷起裤腿的农夫，提着锄头，满手满脚都沾着泥土，他却毫不在意，漫步在田间的小道上，对着树上的鸟儿吹着口哨的情景。

胎教有话说

快乐的农夫是不是也把这份快乐传递到了孕妈妈和胎宝宝的耳朵里和心里呢！

拿出手机搜索出来听听吧！

一起玩耍

跟胎宝宝互动，能让亲子关系更加亲密，准爸爸和孕妈妈赶快一起和你们的胎宝宝互动吧！

Day 92

情绪胎教：
记录心情日记

___年___月___日

孕___月___周___天

离预产期还有_____天

记得上次记录心情的日记吗？也许那时的你还不知道自己什么时候怀孕，如今肚子里的小宝贝已经和自己相处了一段时间，心情也一定发生了奇特的变化吧！现在继续将这份心情记录下来吧！未来的某一天，可以拿出来分享给长大的孩子，肯定是一份美好的纪念。

____年____月____日

孕____月____周____天

离预产期还有_____天

1. 先画出小猪佩奇的鼻子。

2. 继续画出鼻子的部分。

3. 画出佩奇的整个头部形状。

4. 在头上画两只耳朵，脸上画小猪佩奇的眼睛，在鼻头上画两个实心的圈圈做鼻孔。再给佩奇画上微微上扬的嘴巴。

5. 画出佩奇的身体，腿和脚，再画上美美的裙子。

6. 画上细细的胳膊和手掌，在裙角上可别忘记给佩奇添上一根弯曲的小尾巴。

7. 给小猪佩奇涂上颜色，可爱的小猪佩奇就画成了。

TIPS

可爱的小猪佩奇画好了，孕妈妈可以找来《小猪佩奇》的动画片看上几集，让胎宝宝进一步感受这个小动物的可爱之处吧!

Day
95
故事胎教：
孟母三迁

___年___月___日

孕___月___周___天

离预产期还有_____天

战国时期，有一个很伟大的人叫孟子。孟子小的时候非常调皮，对什么都好奇，尤其喜欢模仿别人。

因为他们住在离墓地不远的地方，所以时间久了，孟子就和小朋友们学着玩哭坟，挖土，埋"死人"和办丧事的游戏。孟子的妈妈看到了，心想不能让孩子住在这里了，要搬家！于是孟子的妈妈就带着孟子搬到市集旁边去住。可是到了市集附近居住，市集上整天熙熙攘攘。孟子又和邻居的小孩学起了商人做生意的样子，讨价还价的样子学得很像。孟子的妈妈知道后，心里想这个地方也不适合我的孩子居住！于是，他们又搬家了。这一次，他们搬到了学校附近居住。这样，孟子天天都听到孩子们读书的声音，因此他慢慢地也喜欢上了读书。孟母看到这些心想，这才是适合孟子居住的地方，于是就定居下来了。

明 理

故事告诉我们良好的人文环境对人的成长及品格的养成至关重要，孟子后来成了一个很有学问的人，我想这和他有一个睿智的妈妈是分不开的！

对胎宝宝这样说

孕妈妈们准备好了吗，努力做一个聪明的妈妈吧！你也会像孟子的妈妈那样为自己宝宝的成长、发展考虑得那么深远吗？

Day 96

准爸爸胎教：
和胎宝宝一起做鬼脸

准爸爸晚上可不要只玩手机啊，要多陪伴孕妈妈，还要多跟胎宝宝互动。今天，准爸爸不妨跟胎宝宝玩一玩"做鬼脸"的游戏！

准爸爸不要担心自己做鬼脸会吓到胎宝宝，因为你做的鬼脸，可以逗乐孕妈妈，同样也可以逗乐你的小宝贝，而且说不定他在妈妈的肚子里也在跟着你学哦！

老婆，你看我！

Day 97

语言胎教：绕口令

——年——月——日

孕——月——周——天

离预产期还有—————————天

扁担长，板凳宽，

板凳没有扁担长，

扁担没有板凳宽。

扁担绑在板凳上，

板凳不让扁担绑在板凳上，

扁担偏要绑在板凳上。

这是一篇非常经典的绕口令，相近的语词和容易混淆的字集中在一起，组成简单、有趣的韵语，形成一种读起来很绕口，但又妙趣横生的语言艺术。孕妈妈试着读一读，好玩有趣。

Day 98

音乐胎教：
《土耳其进行曲》

——年——月——日

孕——月——周——天

离预产期还有—————————天

赏析

《土耳其进行曲》为奥地利音乐家莫扎特所创作。整首曲子轻松活泼，激奋有力，热情乐观，具有勇往直前的精神！

胎教有话说

孕妈妈听一听这首曲子，乐曲的节奏符合孕妈妈比较理想的心跳节律，所以对胎宝宝有明显的安抚作用。

爱是一道光

胎宝宝在孕妈妈的体内正在快乐地成长着，胃口变好的孕妈妈别忘我地进食，要控制体重增长速度。还要充分给胎宝宝爱的关怀，多陪他玩游戏。

Day 99

营养胎教：
胃口逐渐变好，注意控制体重

___年___月___日

孕___月___周___天

离预产期还有_____天

此时，大多数孕妈妈的食欲都比之前好转，但是在充分补充营养的同时，也别忽略了对体重的控制。因为孕期体重增长过多，一方面会导致孕妈妈身体过胖，加重身体负担；另一方面还会加重分娩的负担，对胎宝宝顺利出生不利。

因此，此时的孕妈妈要格外注意合理控制体重。

◇一日三餐一定要有规律。

◇细嚼慢咽，切忌狼吞虎咽。吃得过快，食物嚼得不精细，不但给胃肠增加负担，而且也不利于消化。

◇尽量少吃零食和夜宵。长期吃零食和夜宵，脂肪很容易在体内囤积，使人发胖。

◇少食多餐，避免一次吃得过饱。

◇少吃甜食和油腻食物，多吃富含蛋白质、维生素的食物。

◇定期称体重：称体重，关注体重变化，可不断地提醒自己应该注意饮食，以免没节制地进食。

Tips

如果孕妈妈胃口还是太好，又担心自己吃多了容易长胖，可以考虑将主食换成具有饱腹感的粗粮（糙米、小米、燕麦等食物）、薯类（红薯、山药等食物）。

Day
100 ~ 101

美育胎教：
折纸手工——小狗

———年———月———日

孕———月———周———天

离预产期还有_____天

锻炼胎宝宝专注力的时间到啦！孕妈妈和准爸爸一起完成小狗手工折纸游戏吧！跟着下面的步骤就可以折出一只可爱的小狗狗，待宝宝长大点，再送给他，他一定会觉得爸爸妈妈好爱他呢！

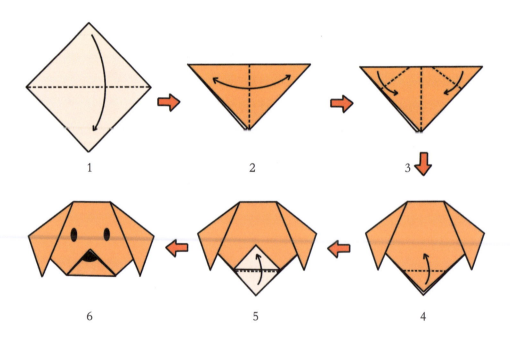

1　　　　　　　2　　　　　　　3

6　　　　　　　5　　　　　　　4

胎教有话说

准爸爸可以一边学着小狗的叫声，一边告诉胎宝宝小狗长什么样子吧！

Day
102

故事胎教：
皇帝的新装

　　很久以前有一位皇帝，他非常喜欢穿华丽的衣服。他为了要穿得漂亮，不惜花掉很多钱用来给自己制作新衣服，他不关心他的军队，也不喜欢处理国家事务。他每天都要换一套新衣服，并站在更衣室的镜子面前照来照去，还要询问每一个大臣自己的衣服好不好看。

　　有一天，城里来了两个骗子，自称能制作出天下最美丽的衣服，皇帝一听兴奋极了，于是给了两个骗子许多钱，让他们马上为自己制作出一件华丽的礼服。于是两个骗子摆出两架织布机，装出一副织布的样子，可事实上织布机上什么都没有。

　　他们一次又一次地向皇帝申请珍贵的丝线和金子，然而这些东西并没有用到缝制衣服上，而是都被他们装进了自己的口袋。可他们依旧在两架空空的织机上忙碌着，一直工作到深夜。

一天，皇帝带着大臣们去看衣服制作得怎么样了，可是皇帝和大臣们只看见两架空空的织布机。皇帝看着空空的织机目瞪口呆，但是他什么都不敢表露出来，皇帝想，千万不能让他们知道自己什么也没看到！于是，他喊起来："太美了，这是我见过的最漂亮的布了！"听了皇帝的话，大臣们也开始怀疑自己，但是也随声附和称赞布的漂亮，尽管他们什么也看不到。大臣们甚至还建议皇帝穿着这身衣服，去参加游行大典。

又过了几天，骗子把"新衣服"捧到皇帝面前说："这件衣服很轻，穿在身上就像没穿衣服一样。"他们帮皇帝换上了这件"新衣服"。就这样，皇帝穿着这件"新衣服"举行了游行大典。不管是大臣还是街上的人，谁也不愿让人知道自己的愚蠢，于是他们奉承："皇帝的新衣服看起来真合身、真华丽！"而就在这时，一个孩子突然说："皇帝什么衣服也没有穿啊！"很快，这个孩子的话在人群中传播开来。最后，所有的人都说："皇帝的确什么都没有穿。"皇帝听了有点发抖，他觉得大家的话好像是真的，可是游行大典还没有结束，皇帝只好硬着头皮继续往前走去。

明 理

故事讲述一个有虚荣心的皇帝被骗子愚弄，最后受骗上当，揭露和讽刺了皇帝和大臣们虚伪、愚蠢的行径。

对胎宝宝这样说

故事读完了，是不是被可笑的皇帝和大臣们给逗乐了呢？我的宝贝，你知道吗，面对生活，我们需要足够的勇气和智慧，去发现真理，可不要被一时的虚荣所蒙骗。

Day
103 ~ 104
运动胎教：
抬手伸展运动

———年———月———日

孕———月———周———天

离预产期还有——————————天

这个阶段的孕妈妈可以进行比孕早期幅度稍微大一点的动作，抬手伸展运动可以帮助孕妈妈拉伸身体，放松肌肉，锻炼心肺功能，缓解疲劳。

具体做法：

孕妈妈可以坐在地上，在感到舒适的范围内以及保证安全的前提下，尽量大幅度展开双腿，以自己的骨盆为中心，脊柱伸直、拉高。伸展脚后跟，膝盖放松，享受双腿后部伸展的感觉。指尖接触地面，肩膀放松，胸部打开。呼吸时，集中注意力做双腿打开动作。

Day
105
准爸爸胎教：
学会听胎心很重要

———年———月———日

孕———月———周———天

离预产期还有——————————天

准爸爸应学会听胎心，如果有条件的话可以使用胎心仪。准爸爸在家做好胎心监护，不仅可以了解胎宝宝的发育情况，而且能及时发现异常情况。

具体做法：

1.每天1次，每次1分钟，可在孕妇脐部上、下、左、右四个部位听。

2.正常的胎心率为120 ~ 160次/分。

3.如果胎心率大于160次/分或小于120次/分，或胎心率不规律均为异常情况。可过一段时间再听一次，如果仍属异常，应及时到医院检查。

胎宝宝又长大了

此时的胎宝宝各个部分的发育已经逐渐完善，接近完美！记住营养要跟上，同时在相对稳定的孕育情况下，准爸爸可以带着孕妈妈外出游玩了。

Day 106
营养胎教：补锌很重要

——年——月——日

孕——月——周——天

离预产期还有 ——————— 天

此时的胎宝宝正在迅速地生长发育，每天需要大量营养素，更好地满足胎宝宝及孕妈妈的需要，避免孕期营养不良或其他不良影响。本周的孕妈妈特别需要增加锌的摄入量。

如果缺锌会造成孕妈妈味觉、嗅觉异常，食欲减退，消化和吸收功能不良，免疫力降低，这样势必造成胎宝宝在子宫内发育迟缓，胎宝宝大脑、心脏等重要器官发育不良。

食物来源：

富含锌的食物有牡蛎、动物肝脏、芝麻等。但是补锌也要适量，每天膳食中锌的补充量不宜超过 30 毫克。

Day 107
情绪胎教：轻松出游，放松心情

——年——月——日

孕——月——周——天

离预产期还有 ——————— 天

现在是整个孕期中最为稳定的阶段，孕妈妈可以趁此机会适当放松一下身心，准爸爸安排一个短途的出游，让孕妈妈开心一下吧！如果这个阶段正好处在春暖花开的季节，可以带上帐篷、食物，为孕妈妈打造一个愉快的野营。如果是冬季，不妨找个安静的餐厅或者室内的参观场所，让孕妈妈放松心情。

——年——月——日

孕——月——周——天

离预产期还有_____天

赏析

　　《抱鹅的少年》这个作品出自希腊哈尔基顿的雕刻家波厄多斯之手，雕像展示的是一个天真活泼的小孩和一只大鹅一起嬉戏的情景。

胎教有话说

　　小孩与鹅的姿态优美动人，充满无限生命力，让观赏者感觉仿佛又回到了色彩斑斓的童年时光。孕妈妈不妨想象一下自己宝贝出生后的可爱模样，一定比这个抱鹅的少年还要可爱。

古代楚国有一家人，祭拜完祖先之后，准备将祭祀用的一壶酒赏给帮忙办事的人喝。由于参加的人很多，这壶酒如果大家都喝是不够的，若是让一个人喝，还能喝得有余。可这一壶酒到底怎么分呢？这时有人建议：我们每个人在地上画一条蛇，谁画得又快又好，这壶酒就归谁喝。大家都觉得这个办法好，于是纷纷开始画起蛇来。

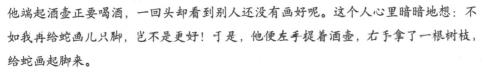

其中，有个人画得很快，一转眼就画好了，他端起酒壶正要喝酒，一回头却看到别人还没有画好呢。这个人心里暗暗地想：不如我再给蛇画儿只脚，岂不是更好！于是，他便左手提着酒壶，右手拿了一根树枝，给蛇画起脚来。

正当他得意扬扬地给蛇画着脚的时候，另外一个人也已经画好了。于是那个人马上把酒壶从他手里夺过去，大声地说："蛇本来是没有脚的，你怎么能给它添脚呢！"说罢，便把壶中的酒喝了下去。

对胎宝宝这样说

宝贝，你现在能想象出蛇的样子吗？其实，蛇是没有脚的，故事里的人因为无缘无故给蛇画上了脚，反而失去了喝酒的机会。所以凡事我们都要尊重事实的真相，不能自己随意编造。

明理

故事用来比喻做事多余，不但无益，而且会弄巧成拙。

Day 111

___年___月___日

孕___月___周___天

离预产期还有_____天

语言胎教：朗读《咏鹅》

咏鹅

唐/骆宾王

鹅，鹅，鹅，曲项向天歌。白毛浮绿水，红掌拨清波。

【译文】

白鹅、白鹅、白鹅，脖颈弯弯，朝着天空尽情歌唱。

洁白的羽毛漂浮在碧绿的水面上，红红的脚掌拨动着清清水波。

赏析

诗中作者从自己的角度、心态去理解和观察鹅，用了拟人的手法，把一只白鹅的形态生动形象地表达了出来。

胎教有话说

诗句中的白鹅活灵活现，既让胎宝宝认识了这个小动物，又让孕妈妈在朗诵的过程中锻炼了胎宝宝的听力和语言能力。

Day 112

___年___月___日

孕___月___周___天

离预产期还有_____天

音乐胎教：哼唱《字母歌》

《字母歌》是一首经典的儿歌，把 26 个英文字母编成欢快的儿童歌曲，方便记忆和朗读。

第5个月（17～20周）
胎宝宝最喜欢温柔的声音了

从这个月开始，胎宝宝不仅会分辨出孕妈妈与其他人的声音，而且对孕妈妈的声音会特别偏爱。同时，胎宝宝这个阶段在肚子里可不会闲着，孕妈妈能明显感受到胎动了，每天都能清楚地感受到胎宝宝在不停地运动。

第17周 坚持补钙，宝贝身体壮

这个阶段考虑到胎宝宝骨骼发育和即将开始的视网膜发育，需要格外重视钙和维生素的补充，准爸爸和孕妈妈可以一起准备每天的营养餐。

Day 113 ~ 114

营养胎教：
补钙餐——鲜虾豆腐羹

___年___月___日

孕___月___周___天

离预产期还有_____天

【原料】

豆腐1块，鸡蛋2个，虾仁、豌豆（煮）、胡萝卜各适量、盐、水淀粉各少许。

【制作方法】

1. 豆腐切小丁，胡萝卜切丁。

2. 鸡蛋打散。

3. 冷水倒锅中煮开后，加入胡萝卜丁、豌豆、豆腐丁、虾仁，再倒鸡蛋液、水淀粉。

4. 放入适量盐，煮熟即可。

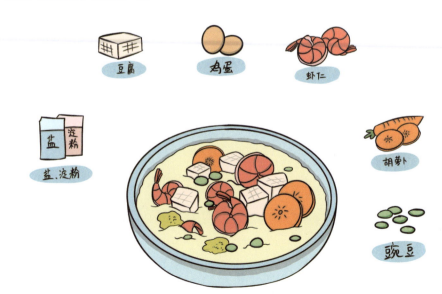

豆腐　鸡蛋　虾仁　盐.淀粉　胡萝卜　豌豆

Day
115 ~ 116

故事胎教：龟兔赛跑

——年——月——日

孕——月——周——天

离预产期还有 _____ 天

有一天，活蹦乱跳的兔子碰到了走路慢吞吞的乌龟。兔子知道乌龟走路很慢，于是故意说道："乌龟，咱们来赛跑，好吗？"

乌龟看出来兔子是在嘲讽自己，为了不被嘲笑，于是乌龟说："不就是想赛跑吗，那就开始吧！"于是乌龟和兔子开始赛跑了，不一会儿兔子就跑得很远了。

兔子心想："乌龟追上我可没那么容易，我就在这里睡一觉，等它爬到我这里，我再追都来得及，反正最后胜利的肯定是我。"

乌龟确实爬得很慢，可是它坚信只要自己坚持，就一定能追上兔子，于是一个劲儿地爬。终于爬到了兔子的身边，乌龟看到兔子在睡觉，心想："自己可不能睡觉，兔子比我跑得快，一会儿它醒了我肯定追不上它，我还是继续爬吧！"

于是乌龟不停地往前爬，最后终于爬到了大树前。而兔子还睡觉呢，过了很久，兔子才醒来。"咦，乌龟怎么不见了？"兔子有点着急，再往前一看，哎呀，乌龟已经爬到大树底下了，乌龟已经赢了。

明理

故事告诉我们：虚心使人进步，骄傲使人落后。兔子虽然跑得快，但是它太骄傲了，致使爬得很慢的乌龟都超过了它。

对胎宝宝这样说

宝贝，听完这个故事，你明白了吗，做人不能太骄傲。

Day 117

语言胎教：
朗诵唐诗《登鹳雀楼》

___年___月___日

孕___月___周___天

离预产期还有_____天

登鹳雀楼

唐/王之涣

白日依山尽，黄河入海流。

欲穷千里目，更上一层楼。

译文

夕阳依傍着山峦渐渐下落，滔滔的黄河水朝着大海汹涌奔流。

如果想把千里的风光景物都尽收眼底，那就请再登上一层楼。

赏析

这首诗描写诗人登高望远，感受到了大自然的壮丽，表达了诗人不凡的胸襟抱负，反映了盛唐时期人们积极向上的进取精神。

胎教有话说

准爸爸不妨将这首诗读给胎宝宝听，注意语调中要带有气势。登高，远望气势恢宏的场景，相信胎宝宝也能感知到吧。

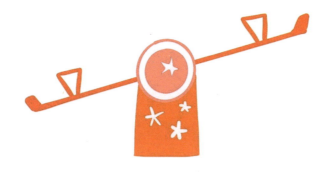

Day 118

抚摸胎教：
轻轻拍肚与胎宝宝互动

——年——月——日

孕——月——周——天

离预产期还有_____天

孕妈妈可以在胎宝宝状态很好的情况下，选择饭后 1 小时后，以最舒服的姿势躺着或坐下，此时可轻轻拍打肚皮，看看肚子里胎宝宝的反应，如果拍打的部位被踢了几下，一般在一两分钟以后，胎宝宝会再踢，这时再轻拍几下。

拍打时，可换换部位，胎宝宝就会向改变的部位踢，但注意改变的部位不要离上次被踢部位太远，手法需轻柔。每天 1 ~ 2 次，时间控制在 2 ~ 3 分钟即可。

Day 119

音乐胎教：《渔舟唱晚》

——年——月——日

孕——月——周——天

离预产期还有_____天

赏析

《渔舟唱晚》是一首河南古筝名曲。取自唐代诗人王勃《滕王阁序》中"渔舟唱晚，响穷彭蠡之滨"的诗句。乐曲描绘了夕阳映照万顷碧波，渔歌四起，渔夫满载丰收喜悦的情景，表达了对祖国美丽河山的赞美和热爱之情。

胎教有话说

《渔舟唱晚》是一首让孕妈妈听了心情愉悦的曲子。听着这样的曲子，古人的情怀通过音符缓缓流入孕妈妈的心田，心情也会随着乐曲中的波光荡漾起来。

宝贝，你在动吗

这个阶段可以增加抚摸胎教这项活动了。

Day 120

营养胎教：
营养粥——红薯南瓜粥

——年——月——日

孕——月——周——天

离预产期还有——————天

 红薯南瓜粥

【原料】

大米 50 克，南瓜、红薯各 30 克。

【制作方法】

1.将南瓜和红薯洗净，切成小碎丁备用。

2.将大米淘净，与南瓜丁、红薯丁一同入锅，加适量清水混合熬煮。

3.待熬煮至米粒软烂、汤汁黏稠时即可关火。

大米　红薯　南瓜

Day
121
美育胎教：
手指画——小太阳

___年___月___日

孕___月___周___天

离预产期还有_____天

太阳代表希望，是美好未来的象征。

孕妈妈画一个代表阳光、快乐的小太阳，送给你的宝贝吧！希望他如初升的太阳一般，光彩夺目，蓬勃成长！

1.准备一张白纸、画笔和彩色颜料。在白纸中间用大拇指按压出一个大大的黄色椭圆形。

2.取红色颜料，用小一号的指头按压一个小的椭圆。

3.在黄色手指印的边缘画出太阳光芒的波浪形，再用黑色的笔沿着红色手指印画圆。

4.最后画出眼睛和嘴巴。

Day
122 ~ 123
故事胎教：小马过河

____年____月____日

孕____月____周____天

离预产期还有 _____ 天

小马的妈妈想锻炼自己的孩子，于是有一天，马妈妈将小马叫到身边说道："小马，你已经长大了，可以帮妈妈做事了，有一袋粮食需要送到河对岸的村里。"

小马高兴地答应了，他驮着粮食来到了河边，可是小马从来没有自己蹚过河，又不知道河水有多深，非常害怕被淹到，十分犹豫。

这个时候小马看见了不远处正在吃草的牛伯伯，小马赶紧跑过去问："牛伯伯，您知道这条河水有多深吗？"牛伯伯笑着说："不深，不深，才刚到我的小腿！"

小马一听，就准备蹚过河去。他刚一迈腿，就听到小松鼠说："小马别下去，这河水可深了，前两天我的朋友不小心掉进河里，被河水卷走了。"

小马一听顿时有点害怕，不知道怎么办了，只好原路返回，去问妈妈。小马回到家将牛伯伯和小松鼠的话告诉了妈妈。妈妈安慰小马说："没关系，妈妈带你一起去看看吧！"

小马和妈妈又来到了河边，妈妈鼓励小马，让他自己去试探一下水有多深，小马看着妈妈鼓励的目光，小心翼翼地将腿伸进河中，一步一步蹚过了河，等他过了河之后就明白了，河水既没有牛伯伯说的那么浅，也没有小松鼠说的那么深，只有自己亲自试过了才知道。

明理

故事告诉我们任何事情只有自己敢于大胆尝试才能明白真相，不能因为有困难就退缩。

对胎宝宝这样说

宝贝，在你成长的路上妈妈也会做一个智慧勇敢的妈妈，帮助你、锻炼你，希望你也是一个勇敢的宝宝哦！努力长大成人吧！

Day
124
运动胎教：仰卧束角式

——年——月——日

孕——月——周——天

离预产期还有 _____ 天

这个瑜伽练习可以帮助孕妈妈促进骨盆区域和腹部的血液循环，更好地滋养女性的子宫和卵巢，平衡激素，帮助子宫和卵巢更年轻健康。

具体做法：

步骤1.坐姿，双腿弯曲，双脚脚心相对，靠近大腿根，膝盖下沉，挺直脊柱，双眼注视前方或内视鼻尖，保持稳定呼吸。

步骤2.呼气，身体向后慢慢躺下，保持30秒吸气，慢慢还原身体，放松双腿。重复2～3次即可。

注意事项：

如果做不到步骤2，可以不做，只做步骤1。

——内视鼻尖

——脊柱挺直

——膝盖下沉

——脚心相对

Tips

为了让孕妈妈在卧位体式上感到舒适，可以放一个或两个抱枕在背部和头部下方。

Day
125
准爸爸胎教：
有规律地抚摸胎宝宝

———年——月——日

孕——月——周——天

离预产期还有——————天

抚摸胎教是指有意识、有规律、有计划地抚摸，以刺激胎宝宝的感官。医学研究表明，胎宝宝体内绝大部分细胞已具有接受信息的能力，并且通过触觉神经来感受体外的刺激，而且反应渐渐灵敏。

具体做法

抚摸胎教可以选择在每晚睡觉前进行，首先孕妈妈排空膀胱，在腹部完全松弛的情况下，用手从上至下、从左至右，来回抚摸。

准爸爸可以和孕妈妈一起来进行抚摸胎教。夫妻二人每人伸出一只手，放在孕妈妈的腹部，进行抚摸胎教。准爸爸可以一边用手轻轻地抚摸胎宝宝，一边用充满柔情的声音和胎宝宝说话。有准爸爸参与的胎教，不仅能使准爸爸感受生命的奇妙，与尚未出世的宝宝建立亲密的关系，还可以增进夫妻感情，使孕妈妈保持良好的情绪。

注意事项：

准爸爸进行抚摸胎教时要注意抚摸的力度，可以先小范围轻轻抚摸，孕妈妈感觉舒服、胎宝宝作出反应后再扩大位置并适当增加力度，但是也不能太用力，要温柔。抚摸的时间，选择在胎宝宝精神状态良好时进行。抚摸胎教进行过程中或者完毕后，还可以放一些舒缓的音乐。

Tips

在抚摸胎宝宝时，要随时注意胎宝宝的反应，如果胎宝宝对抚摸刺激不高兴，就有可能用力挣扎或者蹬腿，这时应马上停止抚摸。反之，如果出现平和蠕动，就表示胎宝宝很舒服、很满意。

Day 126

音乐胎教：
《春天在哪里》

歌词

春天在哪里呀，春天在哪里
春天在那青翠的山林里
这里有红花呀，这里有嫩草
还有那会唱歌的小黄鹂
嘀哩哩哩哩哩嘀哩哩哩哩哩
嘀哩哩哩哩哩嘀哩哩哩哩哩
春天那青翠的山林里
还有那会唱歌的小黄鹂

扫一扫即可听
《春天在哪里》

赏析

《春天在哪里》是一首深受孩子们喜爱的歌曲，它以天真活泼的语气歌唱美丽的春天，抒发心中无限欢乐的感情。

这样胎教更有效

伴着欢快的旋律，孕妈妈和准爸爸为胎宝宝描绘一幅春天的画卷吧！让胎宝宝在欢快的音乐中感受春天绿色的山林、快乐的小鸟、红色的小花。孕妈妈唱歌，准爸爸画画，胎宝宝一定喜欢。

开始聆听外界声音

此时的胎宝宝可以听到外界的声音啦！带着胎宝宝多接触大自然，倾听风声、雨声、小鸟声……准爸爸或者孕妈妈可以将听到的声音告诉胎宝宝。

Day 127
营养胎教：孕妈妈要控糖

—— 年 —— 月 —— 日

孕 —— 月 —— 周 —— 天

离预产期还有 —————— 天

由于怀孕期间，各种因素导致孕妈妈体内糖代谢发生异常。但是很多人并没有相应的症状，甚至空腹时血糖也是正常的，所以并没有引起相应的重视。但是，血糖过高，或者已经患有妊娠糖尿病会对孕妈妈及胎宝宝有多种不良影响。例如，会造成胎宝宝体重超重或者超轻、早产，更严重的会引起胎宝宝宫内窒息等危险。所以，孕妈妈在孕期对于血糖问题不容忽视。那么，孕妈妈在孕期要如何注意控制血糖呢？最好从饮食和运动方面进行把控。

饮食方面

尽量不吃高油脂食品。

尽量不吃含糖量较高的食物，包括水果。

主食方面应避免淀粉量高的食物。

少食多餐，均衡营养。

运动方面

孕妈妈运动应以适度为主，合理的运动可以帮助孕妈妈消耗体内过多的糖分。

Tips

若孕妈妈已确诊妊娠期糖尿病，就一定要遵医嘱进行治疗。管住嘴、迈开腿，健康度过孕中期和孕晚期。

Day
128 ~ 129
**美育胎教：
画出心中的三口之家**

——年——月——日

孕——月——周——天

离预产期还有＿＿＿＿＿＿天

　　此时的胎宝宝已经有了自己的小模样，孕妈妈可以通过联想，想象胎宝宝的样子，这样的话就可以自己动手，画一幅三口之家的温馨画面了。

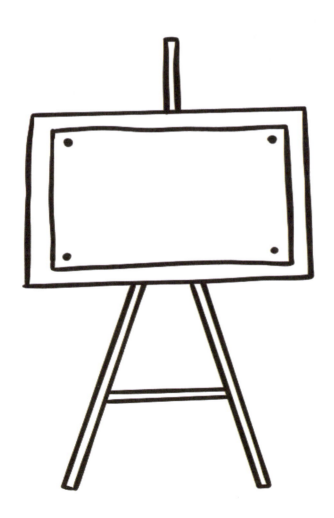

Day
130 ~ 131
故事胎教：守株待兔

___年___月___日

孕___月___周___天

离预产期还有_____天

春秋时期，宋国有位农夫，种着一片田地，一年四季十分辛苦。有一天，他正在地里为春苗松土，远远看见一只兔子没命地跑来，肯定有什么动物正在追赶这只兔子。那只兔子吓坏了，跑着跑着一头撞在地边的树桩上，兔子跑得太猛了，一下子撞死了。农夫看见兔子撞翻了，立即放下

手中的锄头跑过去，拾起兔子一看，兔子已经死了，农夫也不锄地松土了，拎起兔子就回家了。

当天，农夫的饭桌上多了一盆香喷喷的兔肉，农夫边喝酒边吃兔肉，开心极了！"哈哈哈，多痛快的好事啊！什么劲儿也不用费，更不用成天辛苦地种庄稼，就能在树桩边捡到新鲜的兔子，这可太棒了！"第二天，农夫依旧来到地里，也不去照料这些庄稼，远远地坐在地头，两眼盯着树桩，一心等着兔子撞死在树桩上，一天，两天，三天……农夫还是守着那棵树桩，等着有送上门来的兔子，最后庄稼全枯死了，却再也没有一只跑来撞死在树桩上的兔子，这位农夫也成了笑料。

对胎宝宝这样说

第一次得到是幸运，而想靠同样的方式等待获得第二次就没有那么容易啦！天上不会掉"馅饼"，宝贝，可别学这个愚蠢的农夫呀！

明 理

后人由此引出"守株待兔"这个成语，比喻做事不主动、不努力，希望侥幸获得意外收获或者成功。

Day
132

运动胎教：瑜伽三角式

——年——月——日

孕——月——周——天

离预产期还有——————天

这项运动有利于增加脊椎的横向运动，加强脊椎和腿的力量，按摩腹部器官，尤其在孕中期练习可减轻背痛。

双臂侧举

转头目视
右手指尖

身体向左
向下

双脚打开
比一腿长

具体做法：

1.山式站立，双脚左右打开，大于一腿长，双臂侧举，掌心向下，右脚跟与左脚呈一条直线，膝盖骨上提。

2.呼气，延伸脊柱，身体向右向下，左脚脚跟向下踩实垫面，右手放于小腿胫骨或垫面上，左手向天花板处延伸，使双手臂平行在一条直线上，转头看向左手指尖，保持呼吸，坚持2～3分钟。换另一侧练习。

Day
133

音乐胎教：
倾听大自然的声音

——年——月——日

孕——月——周——天

离预产期还有——————天

孕妈妈跟胎宝宝描述每天的天气变化，声音能锻炼胎宝宝的听觉能力，妈妈的表述有助于胎宝宝的感知能力和思考能力的提升。

◇风的声音　◇小鸟鸣叫的声音　◇水流的声音　◇风吹树叶的声音　◇虫子发出的声音

孕妈妈将自己听到的大自然的声音描述给宝贝听吧！他一定很好奇。这样不仅锻炼了胎宝宝的听力，还锻炼了他的感知能力。

睡眠习惯初养成

培养好的睡眠习惯要从胎宝宝在孕妈妈的肚子里开始，从现在开始孕妈妈要注意自己的作息，将胎宝宝良好的睡眠习惯养成！

Day 134

营养胎教：安神助眠好食谱

——年——月——日

孕——月——周——天

离预产期还有——————天

这一阶段，孕妈妈要保持良好的睡眠，这样肚子里的胎宝宝才能更好地休息，进而健康地长大。

 **小米南瓜粥**

【原料】

小米 100 克，南瓜 300 克。

【做法】

1.南瓜去皮后切块；小米洗净，用水泡 20 分钟。

2.小米下锅煮约半小时，再加入南瓜块，一直煮至食材熟烂，中间要时不时地搅一搅，避免粘锅。

莴苣肉片

【原料】

莴苣 300 克，瘦猪肉 150 克，酱油、盐、醋、料酒、蛋清、葱段、姜片各适量。

【做法】

1.莴苣去皮，择洗干净，切成薄片；瘦猪肉洗净，切片，盛放在碗内，加入盐、酱油、料酒和蛋清一起搅拌。

2.锅中放油，爆香葱段和姜片，加入瘦猪肉片翻炒，后放入莴苣片、酱油、醋、盐翻炒至熟即可。

___年___月___日

孕___月___周___天

离预产期还有_____天

睡眠充足并且良好，对于怀孕期间的孕妈妈来说是尤为重要的。孕期睡眠不好，不仅会让孕妈妈感觉到疲惫，还有可能影响胎宝宝健康。即便宝宝出生了，也有可能是个爱哭闹、脾气躁的娃，因而孕妈妈要尽力改善孕期的睡眠。

Tips

1.放弃熬夜习惯。很多孕妈妈在没怀孕之前都喜欢晚睡、熬夜看剧，但是到了怀孕期间，孕妈妈最好改掉这样的睡眠习惯，早点睡觉，不熬夜。

2.布置温馨卧室。花点时间把卧室尽量布置得舒适温馨，以便有一个安然入睡的居室环境，自己能更轻松地入睡。由于孕妈妈可能会觉得比平常更热，所以要让房间保持凉爽，尽可能减少灯光和噪声，更容易让孕妈妈从浅睡中醒来。

3.把坏情绪关在门外。入睡前将坏心情清空，这样才能心里没事，安然入睡，记得将坏情绪关在门外。

4.多些小睡。白天小睡30～60分钟，能够让孕妈妈更清醒，记忆力更好，通常还能减轻疲劳的症状。

5.睡前运动。只要运动时间正确，运动量也合适，怀孕期间坚持锻炼，不仅会让孕妈妈的身心更健康，而且能够帮助孕妈妈睡个好觉。

6.规律作息。孕妈妈可以试着每天早晚都在同一时间上床睡觉和起床，以调整身体的生物钟。

7.避免辛酸食物。辛辣食物或酸性食物，不管怎么做，都可能引起胃灼热和消化不良。临近睡觉时吃大餐也是如此，相反，可以早一点吃饭，吃得简单些，让自己睡前有两三小时的时间来消化晚饭。

8.睡前少喝水。怀孕后身体需要大量的水分，但是要早上多喝一些，晚睡前则要少喝，这样有助于减少夜里跑厕所的次数。

Day
136
美育胎教：
黏土手工——蘑菇屋

——年——月——日

孕——月——周——天

离预产期还有_____天

1.将红色黏土揉成一个圆形。

2.用手捏出蘑菇屋顶形状。

3.拿出白色黏土，揉成几个小白球，按扁，贴在蘑菇屋顶上。

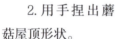

4.用白色黏土捏出一个胖胖的蘑菇梗。用棕色、白色的黏土给蘑菇屋做出窗户和门，然后装饰一个门把手。

5.用绿色黏土制作几棵小草，装饰在房子的周围。这样蘑菇屋就做成了。

可爱的蘑菇屋制作完成啦！是不是很有家的感觉！孕妈妈可以叫上准爸爸一起制作蘑菇屋，制作的过程中还可以一边动手制作，一边和胎宝宝聊天，告诉他每一个步骤制作的是什么，一起感受搭建蘑菇屋的乐趣。

古时候有一个叫王冕的孩子，因为家里很穷，只念了三年的书，就去给人家放牛了。但是他没有放弃学习，而是一边放牛，一边找些书来读。

王冕不仅喜欢读书，还喜欢画画。有一年初夏的雨后，王冕到湖边去放牛。这时候，太阳透过白云，将湖照得通红。湖边的山上，青一块，绿一块，十分好看。树叶经雨水洗过，更加好看。湖里的荷花也开得格外鲜艳，荷叶上的水珠像珍珠似的滚来滚去，真是美丽极了！

王冕心里想，这样美丽的荷花要是能够画出来，该多好啊！于是为了能够画出美丽的画，王冕开始学画荷花，他向他的同学要了几支破笔，然后将树上的树叶捣烂，挤出汁水当作绿色的颜料，把红色的石头研成粉末，和水调匀，当作红色的颜料，然后就坐在湖边画起荷花来。

起初，王冕画的荷花，一点儿也不像。可他并不灰心，画一张不像，就再认真画一张。

他一边画，一边对着荷花仔细琢磨。这样画来画去，琢磨来琢磨去，他画的荷花慢慢地跟湖里的一样，好看极了！画荷花成功后，他接着学习画山、画水、画牛、画马、画人物，到后来，无论画什么，他都画得很好。

胎教有话说

王冕刚开始学画画的时候画得很难看，可是他坚持不懈，最后他画的画栩栩如生，就像真的一样。所以，我的小宝贝，你知道吗？想要干成一件事，需要有坚持不懈的精神哦！

Day 138

准爸爸胎教：一起说晚安

___年___月___日

孕___月___周___天

离预产期还有_____天

这一阶段正是锻炼胎宝宝养成作息规律的好阶段，准爸爸不妨每天给胎宝宝一个晚安信号，让他知道就要进入梦乡啦！不能再在肚子里来回翻滚玩耍。

Day 139

音乐胎教：《摇篮曲》

___年___月___日

孕___月___周___天

离预产期还有_____天

安睡安睡，乖乖在这里睡，小床满插玫瑰，香风吹入梦里，蚊蝇寂无声，宝宝睡得甜蜜，愿你舒舒服服睡到太阳升起。

赏析

《摇篮曲》是著名音乐家舒伯特创作的经典作品之一，是家喻户晓的优美乐曲。乐曲恬静、优美，仿佛是母亲在轻拍着宝宝。

胎教有话说

孕妈妈可以学着哼唱这首乐曲，哄着肚子里的胎宝宝安然入睡，培养规律的睡眠习惯。

Day
140
**运动胎教：
瑜伽坐山式**

___年___月___日

孕___月___周___天

离预产期还有_____天

此时的孕妈妈肚子比孕早期大了许多，而且胎宝宝在肚子里也安稳了不少，这个时候孕妈妈可以增加运动难度了，可以进行坐山式运动，有利于锻炼腹部器官、缓解肩部僵硬，同时还能帮助安定神经。

具体做法：

1. 以莲花坐姿坐下，把右脚脚背搭放在左大腿根部，脚掌朝上，再把左脚放在右大腿根部，脚掌朝上。

2. 吸气，延展脊柱；呼气，手指相扣，双手慢慢举过头顶，手掌朝上。

3. 保持 3 ~ 5 组深长而均匀的呼吸。调换交叉的双腿和相扣的双手，重复这个动作，始终保持背部挺直。

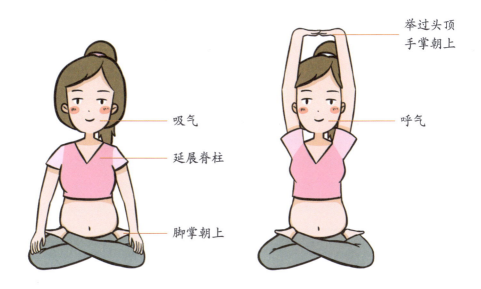

举过头顶
手掌朝上

吸气

延展脊柱

脚掌朝上

呼气

第6个月（21～24周）
宝贝，你听得到吗

  此时的胎宝宝非常愿意与外界沟通，踢踢腿，用小手碰孕妈妈的子宫，这些都是他在做出回应。

  这个时候的胎宝宝听力达到一定水平，他已经能够听到孕妈妈的声音。

  听力变得灵敏的胎宝宝非常喜欢听让他愉快的声音。

不能缺的铁

这个时期，胎宝宝会大量吸收孕妈妈体内所含的铁质，为防止孕妈妈缺铁性贫血的发生，应多吃富含铁质的食物。贫血的孕妈妈需要在医生的指导下补充铁剂。

Day 141

营养胎教：
食疗补血，孕妈妈气血足

___年___月___日

孕___月___周___天

离预产期还有_____天

这一阶段的孕妈妈容易出现贫血情况，所以平时要多吃有利于补血和补铁的食物，给孕期助力。

🍴 胡萝卜炖牛腩

【原料】

牛肉 100 克，南瓜 50 克，胡萝卜 50 克，高汤、大料、酱油、盐各适量。

【做法】

1.胡萝卜洗净，切块；南瓜洗净，去皮，切块；将牛肉洗净，切块，焯水。

2.倒入高汤，加入牛肉块，烧至牛肉八分熟；下胡萝卜块和南瓜块，放入大料、酱油、盐调匀。

3.炖至牛肉、南瓜和胡萝卜熟烂即可。

【营养功效】

牛肉含铁丰富，补铁效果特别明显。

【食材巧搭配】

牛肉还可以和鸡蛋一起制作牛肉羹，松软可口的鸡蛋牛肉羹，有助于消化，还能补铁。

Day
142
美育胎教：
欣赏名画《草地上的圣母》

——年——月——日

孕——月——周——天

离预产期还有——————天

赏析

《草地上的圣母》是由文艺复兴时期画家拉斐尔·圣齐奥于 1505 ～ 1506 年创作的画作。

画中体现了母爱的博爱，整幅画给人自然和谐、安谧宁静之美。

胎教有话说

孕妈妈被画中的情境感染了吗？是不是也觉得画中的小孩子很可爱。你可以想象一下孩子出生以后，他围绕在你身边的样子。

Day
143 ~ 144
故事胎教：凿壁偷光

——年——月——日

孕——月——周——天

离预产期还有 _____ 天

在西汉时期，有一个穷苦的孩子名叫匡衡。他很想读书，可是因为家里太穷，没钱读书。

匡衡没钱，买不起书，只好去别人家借书来读。那个时候，书是非常贵重的东西，有书的人不肯轻易借给别人。于是匡衡就给有钱人家打工，一分工钱都不要，只要能给他书读就行。他一天到晚都在干活，只有中午休息的时候，才有时间看一点儿书，所以常常要半个月才能够读完一卷书。匡衡很着急，心里想：白天没有时间看书，晚上可以啊！可是家里连一盏油灯都买不起，怎么才能有光亮看书呢？

有一天晚上，匡衡躺在床上背白天读过的书。背着背着，突然看到墙壁洞口有一缕细小的灯光照射进来。他赶紧走到墙壁边一看，原来是从壁缝里透过来邻居家的灯光。于是，他灵机一动，赶快拿一把小刀把墙缝挖大了一些。这样，透过来的光亮也大了，他就凑着透进来的灯光，读起书来。

就这样，匡衡用凿壁偷光的办法，继续刻苦地学习，长大后成了一个很有学问的人，官至西汉丞相，被封为安乐侯。

明理

故事形容在艰苦的条件下仍坚持刻苦学习。古人凿壁偷光的攻读精神，激励着我们要更加勤奋地学习。

对胎宝宝这样说

我们要学习小匡衡这种不怕艰难、坚持学习的恒心与毅力。宝贝，小匡衡不怕困难，一边打工一边学习，你是不是也觉得小匡衡很厉害啊！

Day
145

运动胎教：单腿交换伸展式

—年—月—日

孕—月—周—天

离预产期还有＿＿＿＿＿天

随着月份的增加，孕妈妈腿部压力也会增加，这时候孕妈妈可以做一些腿部运动，来加强腹部的血液循环，减轻腿部压力，同时，强化腹腔内脏器的功能。

具体做法：

1.孕妈妈坐姿，双腿伸直，双臂垂于体侧。

2.保持左腿伸直姿势不变，右腿弯曲，使右腿脚心靠近左大腿内侧的根部，保持身体平衡。

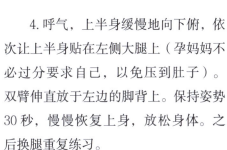

3.吸气，双臂向上伸展，双手伸于头顶上方，调整呼吸。

4.呼气，上半身缓慢地向下俯，依次让上半身贴在左侧大腿上（孕妈妈不必过分要求自己，以免压到肚子）。双臂伸直放于左边的脚背上。保持姿势30秒，慢慢恢复上身，放松身体。之后换腿重复练习。

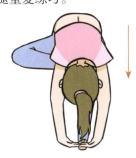

Day
146

准爸爸胎教：**手影游戏——吻**

——年——月——日

孕——月——周——天

离预产期还有 _____ 天

准爸爸在晚上的时候跟着画中的手影动作，和胎宝宝一起，学一学怎么做一个鸭爸爸亲吻鸭宝宝的手影画面，并告诉胎宝宝：爸爸也和鸭爸爸一样爱自己的宝贝。

Day
147

音乐胎教：**《彼得与狼》**

——年——月——日

孕——月——周——天

离预产期还有 _____ 天

赏析

《彼得与狼》是由作曲家普罗科菲耶夫于 1936 年作曲完成，也是普罗柯菲耶夫的代表作品之一。在婉转生动的乐曲之中，仿佛也可以看到彼得与狼周旋，斗智斗勇的画面。

胎教有话说

乐曲中描绘的画面，是可爱的彼得与狼周旋的画面，这也有助于胎宝宝在孕妈妈的肚子里就养成了坚强勇敢的性格。

第22周 多跟胎宝宝说说话

此时的胎宝宝具有辨别各种声音并能做出相应反应的能力，所以这个时候的准爸爸和孕妈妈一定要抓住这个时机经常对胎宝宝说话，进行语言胎教。

Day 148
营养胎教：补充维生素

____年____月____日

孕____月____周____天

离预产期还有 _____天

这个阶段很多孕妈妈都会出现牙龈出血的现象，这是因为怀孕后，体内的孕激素使牙龈变得肿胀，这个时候孕妈妈不妨补充一些维生素，多吃一些绿色蔬菜和水果，因为这些食物中含有丰富的维生素可防止牙龈出血。

Day 149 ~ 150
情绪胎教：别被突然出现的妊娠纹吓到

____年____月____日

孕____月____周____天

离预产期还有 _____天

这个时候，随着胎宝宝的生长和孕妈妈肚子不断地增大，孕妈妈可能会开始出现妊娠纹。那么什么是妊娠纹？它是女性在怀孕、体重增加过程中皮肤纤维断裂，表现出红色、紫红色或白色条纹状的一种皮肤状况。

有些孕妈妈会被长出来的妊娠纹所吓到，随之心情也变得不好，其实孕妈妈不要着急，妊娠纹会随着时间的推移渐渐变淡、变浅。而且只要宝宝健康，其他都不是那么重要，不是吗？继续保持好心情，做好防护妊娠纹的护理工作吧！

Day
151
美育胎教：
散文欣赏《荷塘月色》节选

——年——月——日

孕——月——周——天

离预产期还有——————天

荷塘月色（节选）

文/朱自清

曲曲折折的荷塘上面，弥望的是田田的叶子。叶子出水很高，像亭亭的舞女的裙。层层的叶子中间，零星地点缀着些白花，有袅娜（niǎo nuó）地开着的，有羞涩地打着朵儿的；正如一粒粒的明珠，又如碧天里的星星，又如刚出浴的美人。微风过处，送来缕缕清香，仿佛远处高楼上渺茫的歌声似的。这时候叶子与花也有一丝的颤动，像闪电般，霎时传过荷塘的那边去了。叶子本是肩并肩密密地挨着，这便宛然有了一道凝碧的波痕。叶子底下是脉脉（mò）的流水，遮住了，不能见一些颜色；而叶子却更见风致了。

月光如流水一般，静静地泻在这一片叶子和花上。薄薄的青雾浮起在荷塘里。叶子和花仿佛在牛乳中洗过一样；又像笼着轻纱的梦。虽然是满月，天上却有一层淡淡的云，所以不能朗照；但我以为这恰是到了好处——酣眠固不可少，小睡也别有风味的。月光是隔了树照过来的，高处丛生的灌木，落下参差的斑驳的黑影，峭如鬼一般；弯弯的杨柳的稀疏的倩影，却又像是画在荷叶上。塘中的月色并不均匀；但光与影有着和谐的旋律，如梵婀玲上奏着的名曲。

Day 152

语言胎教：
朗读古诗《悯农二首》

___年___月___日

孕___月___周___天

离预产期还有_____天

悯农二首

唐/李绅

春种一粒粟，秋收万颗子。
四海无闲田，农夫犹饿死。

锄禾日当午，汗滴禾下土。
谁知盘中餐，粒粒皆辛苦。

译文

春天播种下一粒种子，到了秋天就可以收获很多的粮食。

天下没有荒废不种的田地，可仍然有种田的农夫饿死。

农民正用锄头在田地里除草，不知不觉到了中午仍未休息，一滴一滴汗水滴落到田地里。

想一想我们盘中的食物，每一粒都饱含着农民的辛苦付出。

胎教有话说

诗中描写了农民伯伯辛苦劳作的场景，孕妈妈要记得告诉宝宝应该珍惜农民用劳动换来的每一粒粮食，不能浪费。

133

Day 153

准爸爸胎教：和胎宝宝交谈

准爸爸没事的时候可以多跟胎宝宝说说话，不需要特别的刻意，准爸爸可以像平常的交谈一样，比如"你今天过得开心吗？"吃饭的时候可以说："宝宝一定要好好吃饭哦！"和孕妈妈外出散步的时候可以对胎宝宝说："宝宝，这里的风景非常漂亮，等你出生了，我们再一起来。"在对话过程中，胎宝宝能够通过听觉和触觉感受到来自准爸爸的呼唤，从而增进彼此的感情。

Day 154

音乐胎教：《蓝色多瑙河》

赏析

《蓝色多瑙河》是奥地利作曲家小约翰·施特劳斯于1866年创作的，作曲被誉为"奥地利第二国歌"。整首乐曲旋律明朗开阔，节奏轻快活泼，描绘了春意盎然、生机勃勃的多瑙河景色，你可以看到奥地利人民跳舞庆祝的欢快画面。

胎教有话说

孕妈妈倾听乐曲，脑海中呈现出蓝色多瑙河的迷人景色，沉醉其中。孕妈妈可以把这些感受说给胎宝宝听，增加胎宝宝的乐感。

第23周

听一听，是心跳的声音

这周产检时孕妈妈可以听到胎宝宝强有力的心跳了呢！多进行一些胎教吧，与胎宝宝互动起来！

Day
155 ~ 156

美育胎教：
民间艺术——马勺脸谱

___年___月___日

孕___月___周___天

离预产期还有_____天

赏析

马勺起源于陕西民间，在陕西民间是用来给马喂食用的勺子，人们在马勺上绘制出独特的彩绘，用来祈福等。

马勺脸谱的纹样具有对称性，花纹采用火纹、云纹、锯齿纹、卷草纹等。

强调色彩对比，敢想而豪放，不同的造型具有不同的象征意义。

这样胎教更有效

我的宝贝，妈妈和爸爸准备送你一幅马勺脸谱画，祝愿你健康地成长。

变化多样的脸谱，应用了各种各样的颜色和纹路，孕妈妈可以将脸谱的纹路和颜色都告诉给胎宝宝，让他感受一下多样的线条和颜色。

名师点评

脸谱五官变化多样，眼睛和嘴巴的形态非常的有趣，设计得很有想象力，画面颜色统一且有变化，红绿对比色视觉冲击力强。

Day
157 ~ 158
故事胎教：猴子捞月

　　一群猴子生活在森林里，有一天他们在森林里玩耍，有的在树上跳来跳去，有的在地上嬉戏打闹。这个时候有一只小猴独自跑到林子旁边的一口井旁玩耍，它趴在井沿，往井里一看，忽然大叫起来："不得了啦，不得了啦！月亮掉到井里去了！"

　　大家听到叫声，都停止了玩耍，赶快跑到井边朝井里一看，也吃了一惊。

　　不一会，老猴子朝井边跑来。猴子们叽叽喳喳地叫着、闹着。最后，老猴子说："大家别嚷嚷了，一起想办法把月亮捞起来吧！"老猴子看到井旁边有一棵大树，

于是率先跳到树上，头朝下倒挂在树上，其他的猴子就依次一个一个你抱我的腿，我勾你的头，挂成一长条，头朝下一直深入井中。挂在最后的小猴子手伸到了井水中，准备抓住月亮。

小猴子刚将手伸到井水中，想一把抓起水中的月亮，可是除了抓住几滴水外，并没有抓到月亮。小猴子不停地捞，却依然捞不着月亮。

猴子们都很奇怪，月亮明明在井里，怎么却捞不出来呢？这时候有一只猴子突然抬起头，发现月亮并没有掉进水中而是依然挂在天上，于是它大声说："不用捞了，大家快看月亮还在天上呢！"

众猴都抬头朝天上看，月亮果然好端端地在天上呢！原来井水里的只不过是月亮的倒影，并不是真的月亮。

明理

故事告诉我们，遇到事情要多动脑筋，认真观察。可不能像猴子们那样不想清楚就盲目行动。

对胎宝宝这样说

原来水中的月亮不是真的月亮，而是天空中月亮的倒影，这个奇妙的物理现象，宝贝你感到好奇吗？

Day
159
运动胎教：
呼吸运动——腹式呼吸

——年——月——日

孕——月——周——天

离预产期还有——————天

孕妈妈可以在整个孕期之中进行腹式呼吸，有利于调整孕妈妈的身心状态，同时还能帮助排除孕妈妈体内废气，促进代谢。

具体做法：

1.吸气，保持胸腔位置不动，感受腹部向前隆起，进一步加深吸气。

2.呼气，腹部慢慢收缩，感受腹部向脊柱的方向贴近，通过呼气，把肺部的废气排出来。

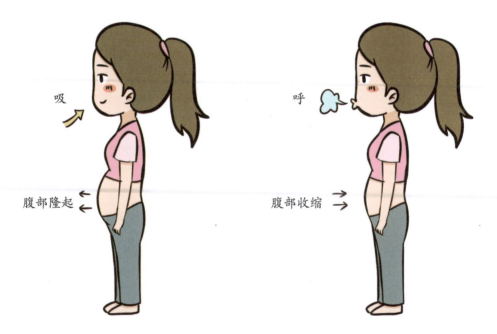

吸

腹部隆起

呼

腹部收缩

3.循环往复，保持每次呼吸的节奏一致。孕妈妈可以细心体会腹部的一起一落。

Day 160

准爸爸胎教：摸一摸，听一听

——年——月——日
孕——月——周——天
离预产期还有 ——————天

准爸爸现在可以试试和肚子里的胎宝宝做游戏。当他动的时候，准爸爸可以一边跟他说话，一边用手摸摸或者轻轻推一下他，看他有什么反应。甚至可以贴着孕妈妈的肚子听一听胎宝宝在干什么。

经常这样做，胎宝宝会发现这是个有趣的游戏，会和准爸爸玩得很起劲。

Day 161

音乐胎教：《月光奏鸣曲》

——年——月——日
孕——月——周——天
离预产期还有 ——————天

赏析

《月光奏鸣曲》是著名音乐家贝多芬的作品，整首曲子充满幻想性，如美梦一般美妙，乐曲细致且沉静。

胎教有话说

孕妈妈心情不好的时候，可以听一听这首曲子，对平复孕妈妈心情，安抚胎宝宝情绪有好处。

第24周 最爱甜味的胎宝宝

此时的胎宝宝味觉发育更加完善了，这个时期的胎宝宝也许对甜味很喜欢，孕妈妈不妨吃一点儿甜味食物。

Day 162

营养胎教：
小甜品——蓝莓酸奶布丁

____年____月____日

孕____月____周____天

离预产期还有_____天

 蓝莓酸奶布丁

【原料】

酸奶和牛奶各100克，吉利丁2片，蓝莓1盒，白糖10克。

【做法】

1.将吉利丁掰成小片，用牛奶浸泡。

2.将白糖和吉利丁片加入牛奶里，并加热融化。

3.牛奶吉利丁液稍凉后，加入酸奶拌匀。

4.蓝莓洗净后打碎，加入已经调好的溶液中搅拌均匀，倒入模具里，放入冰箱冷藏凝固即可。

Day
163
美育胎教:
涂色画——考拉和它的妈妈

Tips

　　考拉,又叫树袋熊,生活在澳大利亚,是一种树栖动物,体态憨厚,长相酷似小熊,有一身又厚又软的浓密的灰褐色短毛。这种动物主要栖息在桉树上,每天的睡眠时间达到22个小时左右。清醒的时候,它们的大部分时间也是在吃东西,可谓是一个真正意义上的大懒虫。

　　此时的胎宝宝大部分时间也是在睡觉哦,跟可爱的小考拉一样是个小懒虫!

141

Day
164 ~ 165
故事胎教：两个小鞋匠

——年——月——日

孕——月——周——天

离预产期还有 ——————— 天

　　从前有个鞋匠，每天都很勤快地给别人做鞋子，但是日子却过得越来越穷，后来穷到没钱买做鞋的皮料，就只剩下一张皮子。一天晚上他把这张皮子裁剪好，刚刚够做一双鞋子。然后他就上床休息，睡前还在祈祷希望可以用这双鞋卖到钱，这样就可以继续做鞋子了。

　　第二天早晨，他正准备开始做鞋，却发现鞋子已经做好了。他拿起鞋子仔细查看，发现这双鞋制作得非常完美。可是这到底是谁做的呢？不一会儿，有一位顾客光顾了鞋匠的小店，花高价买下了这双鞋。鞋匠高兴极了，因为这样就有了足够的钱去买皮料，可以做四双鞋子了！又过了一天，鞋匠早早地起床，想尽快把鞋子制作完成，但是他惊奇地发现四双鞋子已经做好了。就这样，鞋匠每天晚上裁剪好的皮料，第二天一早就变成了缝制好的鞋子。

　　一个晚上，鞋匠和妻子想看看到底是谁这样帮助他们，于是他们俩便藏了起来，等到了午夜，只见两个光着身子的小人儿走了进来，坐在鞋匠工作台前，就拿起裁剪好的皮料，开始做鞋。鞋匠和妻子很是惊讶，原来是这两个小人儿在帮助他们。

　　鞋匠和妻子终于知道是谁帮助了他们，鞋匠和妻子为了感谢他们于是想给两个小人儿每人做一件衣服和一双鞋子。快到晚上的时候，鞋匠和妻子把给两个小人儿的礼物全都做好了，他们把礼物放在工作台上。然后他们自己又躲藏起来，想看看两个小人儿会说些什么。午夜时分，两个小人儿蹦蹦跳跳地跑了进来，却发现了两套漂亮的小衣服，他们兴奋得手舞足蹈起来，开心极了。两个小人儿高兴地穿上衣服离开了。从此，两个小人儿再没有来过，而鞋匠依旧勤勤恳恳地做着鞋子，一直过着富足的日子。

胎教有话说

　　两个做鞋子的小人儿是不是很可爱啊！他们乐于助人，最后也得到了对方的感谢！宝宝，你也要像他们一样做个助人为乐的人呀！

142

Day
166
运动胎教：猫伸展式

——年——月——日

孕——月——周——天

离预产期还有——————天

此时孕妈妈的肚子已经大了起来，身体也越发笨重，这个时期可以做猫伸展的运动来进行身体拉伸，缓解负担加重的腰背。这个动作可以缓解腰背疼痛。

具体做法：

1.四肢撑地跪立在瑜伽垫上，两脚分开与肩同宽，大腿垂直于地面，两臂与肩宽并垂直于地面，手撑在地面上，背部与地面平行。

2.吸气，臀部自然向上抬起，胸部向上提升，抬起头部，脖子拉长，不要耸肩，手臂与大腿仍垂直于地面。

3.呼气，慢慢将背部拱起，腹部慢慢收紧，头部随着呼气和背部的拱起慢慢向下，大腿和手臂仍然垂直于地面，随着呼气，背部拱到最高处。

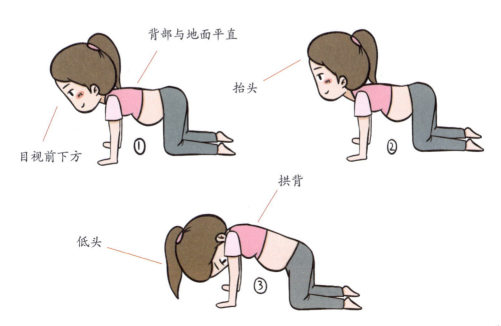

背部与地面平直

抬头

目视前下方 ①

②

拱背

低头

③

___年___月___日

孕___月___周___天

离预产期还有_____天

马上要到孕晚期了，胎宝宝离出生的日子越来越近了，这个时候准爸爸可以开始着手给胎宝宝想个有意义的名字了。

正所谓小名字，大学问。名字关系到胎宝宝以后的生活与发展，所以起名字也有一些小讲究，不妨提前知道点：

1.字义要吉祥，避免粗俗。

2.字音要悦耳、如意、有节奏感。

3.字型要常见、搭配协调、便于书写。

4.不失家风，表达长辈对子女的期望。

5.根据不同性别特征起名。

你家宝宝的备选名字有哪些?

男孩名字

女孩名字

Day 168

音乐胎教：《我有一只小毛驴》

——年——月——日

孕——月——周——天

离预产期还有_____天

歌词

我有一只小毛驴我从来也不骑，

有一天我心血来潮骑着去赶集，

我手里拿着小皮鞭我心里正得意，

不知怎么哗啦啦啦我摔了一身泥。

赏析

《我有一只小毛驴》是一首传唱广泛，伴随很多儿童成长的经典儿歌，童声版让人听上去自然、舒畅。

这样胎教更有效

疲倦的孕妈妈听听这首曲子，仿佛一下子回到了快乐的童年。

第7个月（25～28周）
隔着肚皮的亲子互动

　　这个时候的胎宝宝仍在茁壮地成长，越来越活跃，他喜欢与外界联系。没有玩具的胎宝宝，闲着没事就爱玩脐带。这个时候准爸爸和孕妈妈要更多地与胎宝宝互动啊！

大脑快速发育的小人儿

此时胎宝宝的大脑发育进入一个高峰期，脑细胞迅速增殖分化，脑体积增大，他将会是一个聪明可爱的小人儿！

Day 169

营养胎教：益智补脑食谱

——年——月——日

孕——月——周——天

离预产期还有 _____ 天

 乌鸡板栗煲

【原料】

乌鸡1只，板栗200克，红枣15颗，枸杞、盐各适量，姜1小块。

【做法】

1.将乌鸡洗净，纵向从背部一切为二，放入冷水锅中氽烫，水开后捞出，姜切片。

2.砂锅中入半锅热水，放入氽过的乌鸡块，加入姜片，大火烧开转小火炖制。

3.红枣和枸杞用温水浸泡一会儿。

4.乌鸡炖熟后，加入剥好的板栗。

5.加入红枣和枸杞再炖半小时左右。

6.加入盐调味即可。

枸杞适量
板栗200克
红枣15颗
姜1小块
盐
盐适量
乌鸡1只

Day
170

美育胎教：手影孔雀

____年 ____月 ____日

孕____月____周____天

离预产期还有 _____ 天

歌谣

小孔雀，

真美丽，

张开尾巴，

像扇子。

　　按照图中的手影，来学做孔雀吧！准爸爸和孕妈妈不妨比画比画：看看谁比画得更像。

Day
171 ～ 172
故事胎教：乌鸦和狐狸

＿＿年＿＿月＿＿日

孕＿＿月＿＿周＿＿天

离预产期还有 ＿＿＿＿＿＿＿＿＿ 天

在美丽的大森林里面，在一棵大树上面住着一只乌鸦。大树下的树洞里住着一只狐狸。有一天乌鸦不知从哪里得到了一块肉，衔着站在大树上。

这时候狐狸刚好从树洞里出来找吃的。看到乌鸦嘴里叼着那块肉后，口水直流，很想把肉弄到自己手里。

于是，狐狸眼珠一转，热情地对乌鸦说道："亲爱的乌鸦，您好啊！"乌鸦看了一眼狐狸后并没有回答。

狐狸又说："亲爱的乌鸦，您的孩子好吗？"乌鸦叼着肉还是没有说话。

狐狸没有死心，摇摇尾巴继续，第三次开口说："亲爱的乌鸦，您的羽毛真漂亮呀！麻雀比起你来差远了。您的嗓音真好听，只要您开口，谁都爱听您唱歌！请您为我唱两句吧！"

乌鸦听了非常得意，忍不住就高兴地唱了起来。刚一张嘴，肉就从嘴里掉下去了！

狐狸一口叼起肉就跑回洞里去了。

明理

这个故事告诉我们不能像乌鸦一样轻易相信别人的话，不能因为别人夸奖你，就得意忘形了。同样地，我们也不能像狐狸那样欺骗别人。

对胎宝宝这样说

我的宝贝，希望以后不要像乌鸦那样那么容易上当受骗。我们应该懂道理，明是非，做一个聪明的宝宝。

Day 173

准爸爸胎教：脑筋急转弯

——年——月——日

孕——月——周——天

离预产期还有 _____ 天

三个问题，考考你和孕妈妈的脑力谁更强？（答案在下面）

1. 两个人住在一个胡同里，只隔几步路，他们同在一个地方上班，但每天出门上班，却一个向左，一个向右，为什么？

2. 小明对小红说：我可以坐在一个你永远也坐不到的地方！他坐在哪里？

3. 中国人最早的姓氏是什么？

4. 中国古贤人曾将蓝色外衣，浸泡于黄河中，结果产生什么现象？

4. 答案：染蓝了
3. 答案：风姓
2. 答案：小红的身上
1. 答案：他们住对门

Day 174 ～ 175

音乐胎教：
童谣《小老鼠，上灯台》

——年——月——日

孕——月——周——天

离预产期还有_____天

小老鼠，上灯台，偷油吃，下不来，喵喵喵，猫来了，叽里咕噜滚下来。

《小老鼠，上灯台》节奏明快，生动形象，把小老鼠偷吃油的样子描述得惟妙惟肖。准爸爸和孕妈妈赶快一起哼唱给胎宝宝听吧！

151

第26周 喜欢追光的小孩

这一周胎宝宝第一次睁开了双眼，因为子宫里太黑了，所以他什么都看不到，但他可以感受到外界的光亮。准爸爸和孕妈妈不妨通过光照来锻炼他的视觉神经吧！

Day 176 ~ 177
情绪胎教：沐浴阳光

___年___月___日

孕___月___周___天

离预产期还有_____天

如果时间允许，孕妈妈可以在阳光明媚的天气外出散步，这样既可以放松心情，又能对胎宝宝多进行一下阳光胎教，不温不热的阳光没有太强的刺激，且阳光还利于孕妈妈对钙的吸收。

Day 178
光照胎教：
是时候进行光照胎教了

___年___月___日

孕___月___周___天

离预产期还有_____天

这一阶段胎宝宝的视力系统发育已经比较成熟了，最适合进行光照胎教了。光照胎教既可以锻炼胎宝宝的视神经系统，又可以刺激胎宝宝大脑的发育。

准爸爸每天晚上在胎宝宝活跃的时候，用手电筒（弱光）照射孕妈妈肚皮上的胎头的位置，每次5分钟左右。结束前还可以连续关闭、开启手电筒几次，有利于锻炼胎宝宝的视力发育。

Day
179

美育胎教：一起来下五子棋

——年——月——日

孕——月——周——天

离预产期还有——————天

　　五子棋是两个人一起玩的益智游戏，准爸爸可以拉着孕妈妈一起来玩，既可以消磨时光，培养夫妻感情，还可以锻炼大脑，胎宝宝也许在孕妈妈肚子里开动脑筋呢！

　　怎么玩？

　　双方分别使用黑白两色棋子，落子在横盘直线与横线的交叉点上，横、竖、斜三个方向，先形成五子连线者获胜。

　　从前有个小牧童，他特别聪明，无论别人问什么问题，他都能回答，很快他的名声就传遍了整个国家。国王听说了，不相信他有这么厉害，于是就派人把牧童叫到城堡里。

　　国王对他说："如果你能回答我提出的三个问题，我就认你为干儿子，让你和我一起住在宫里。"牧童问："是什么问题呢？"

　　国王说："第一个问题是大海里有多少滴水？"

　　小牧童回答："我请你下令把世界上所有的河流都堵起来，不让一滴水流进大海，我就能数出海里面有多少滴水了。"国王没有办法将所有的河流都堵上。

　　于是国王又说："第二个问题是天上有多少颗星星？"

　　牧童回答："给我一张白纸。"于是他用笔在上面点了许多点儿，点儿多得数不清。牧童对国王说："天上的星星和这张纸上的点儿一样多，请数数吧。"可是没有人能数得清。

　　国王只好又问："第三个问题是永恒是多少秒？"

　　牧童回答："在很远的地方有座山，每隔一百年有一只鸟飞来，用它的嘴来叼走一块石头，等整个山都被鸟搬光的时候，永恒的第一秒就算结束了。"

　　聪明的牧童让国王十分称赞，于是国王说："你太厉害了，从今以后，你可以住在宫中了，我会像对待亲生儿子一样来对待你的。"

　　从此，牧童在王宫里过上了幸福的生活。

明理

　　小牧童凭着自己的聪明才智，获得了国王的赞赏，最后被留在宫中，过上了美好的生活。

Day
181 ~ 182

运动胎教：孕妇拉伸操

——年——月——日

孕——月——周——天

离预产期还有 _____ 天

这套动作，对孕妈妈拉伸胸部，美化胸部线条，锻炼腹部器官都有好处。动作简单易操作，每天早晚孕妈妈都可以练习一会儿。尤其是，晚上睡觉之前锻炼，还有助于改善睡眠质量。

具体做法：

1.坐在垫子上，双腿向前伸直，腰背部保持挺直，双手双臂自然垂于两侧，目视前方。

2.盘腿坐好，吸气，向上延展脊柱，呼气，双手胸前合十。

3.吸气，双手合十，手臂慢慢向上抬举，举过头顶，掌心向外。调整呼吸。

4.保持3~5组深长而均匀的呼吸。调换交叉的双腿和相扣的双手，重复这个体式，保持背部挺直。

Tips

因为是孕妈妈在做这套动作，动作幅度不要太大，以免伤及胎宝宝。

对声音越来越敏感

这一阶段的胎宝宝对外面的声音越来越敏感。

Day
183 ~ 184
美育胎教：
民间艺术——人面鱼纹盆图形

——年——月——日

孕——月——周——天

离预产期还有————————天

赏析

在距今七千到五千年前中国氏族社会的繁荣时期，也是中国古代文明逐渐形成的时期，随着农业经济的发展，人们开始学会了制造陶器。半坡人制造陶器并在上面绘制出了一种特殊的符号图腾——人面鱼纹。

鱼纹装饰是他们生活的写照。人头上奇特的装束，大概是在进行某种宗教活动的化妆形象，而稍有变形的鱼纹很可能是代表人格化的独立神灵——鱼神，表达出人们以鱼为图腾崇拜的主题。

这样胎教更有效

人面鱼纹是古人的智慧结晶，孕妈妈带着胎宝宝一起来了解一下人面鱼纹，人面是浑圆的脸，头顶上是三角形，或许是发髻，也或许是某种饰物。大三角里面套着涂黑的小三角，像是一面小旗。

名师点评

人面鱼纹造型准确，整个画面呈现的效果不错，人面鱼纹盆的设计变化多样。

Day
185
故事胎教：小狗熊掰棒子

——年——月——日

孕——月——周——天

离预产期还有_____天

有一天，一只小狗熊下山来玩，来到了一片玉米地里，它看见玉米长得又大又多，非常高兴，于是就掰了一个，扛着往前走。

小狗熊扛着玉米，不一会儿又走到一棵桃树下。它看见满树的桃子又大又红，非常高兴，于是就扔了玉米去摘桃子。

小狗熊捧着几个桃子，继续走着，一会儿又走到一片西瓜地里。它看见满地的西瓜又大又圆，非常高兴，就扔了桃子去拿西瓜。

小狗熊抱着一个大西瓜往回走。走着走着，看见一只飞舞的小蝴蝶，于是它就扔了西瓜去追蝴蝶。蝴蝶不一会儿飞走了，小狗熊最后两手空空地回家了。

明理

故事中的小狗熊因为想要太多的东西，最后什么也没得到。同理，人不能太贪心，想要的东西太多，可能什么也得不到。

对胎宝宝这样说

小宝贝我们应该懂得珍惜自己所拥有的一切，而不是总想着最好的永远在最后面。一路寻找是好事，但如果一路放弃，最后可能什么都得不到。

Day
186 ～ 187
语言胎教：四季古诗

——年——月——日

孕——月——周——天

离预产期还有 ＿＿＿＿＿＿ 天

带着胎宝宝认识四季吧！古人描写的四季非常生动，准爸爸和孕妈妈可以给胎宝宝读一读、讲一讲。

万物复苏的春天
春夜喜雨
唐/杜甫

好雨知时节，当春乃发生。
随风潜入夜，润物细无声。
野径云俱黑，江船火独明。
晓看红湿处，花重锦官城。

柳暗花明的夏天
小池
宋/杨万里

泉眼无声惜细流，
树阴照水爱晴柔。
小荷才露尖尖角，
早有蜻蜓立上头。

落叶知秋的秋天
山行
唐/杜牧

远上寒山石径斜，
白云深处有人家。
停车坐爱枫林晚，
霜叶红于二月花。

漫天雪花的冬天
江雪
唐/柳宗元

千山鸟飞绝，
万径人踪灭。
孤舟蓑笠翁，
独钓寒江雪。

Day
188
运动胎教：婴儿式

——年——月——日

孕——月——周——天

离预产期还有——————天

此时的孕妈妈身体已经越来越沉重，轻松的婴儿式正好适合这个阶段的孕妈妈。

具体做法：

1.跪坐在脚后跟上，大脚趾并拢。双膝分开与髋同宽，吸气。

2.身体向前伸展，呼气，上半身埋在大腿之间，前额点地。

3.抬起头部，伸展尾骨远离骨盆。

4.向前伸展手臂，放置身前，与膝盖成一条直线。

5.保持30秒，伸展
上半身，吸气，再从尾
椎骨向上慢慢抬起。

Day
189
准爸爸胎教：
对着肚子轻声说话

——年——月——日

孕——月——周——天

离预产期还有——————天

此时，胎宝宝的听觉系统已经形成，他对声音越来越敏感。准爸爸不妨对着肚子轻声说话，胎宝宝已经能很快知道是谁的声音，有利于促进亲子关系，也能促进胎宝宝的听觉系统发育！

准爸爸可以选择一首愉快的小诗，或者一个幽默的笑话，一边模仿、一边讲给胎宝宝听，说不定他还会跟准爸爸互动呢！

159

第28周 培养胎宝宝的规律作息

这个时期的胎宝宝已经形成了睡眠习惯。

Day 190
营养胎教：补充亚麻酸和亚油酸

___年___月___日

孕___月___周___天

离预产期还有_____天

现在胎宝宝的脑沟开始生长，需要足够的亚麻酸和亚油酸，以供大脑快速发育。孕妈妈最好每周吃点海鱼，三文鱼里含有的亚麻酸和亚油酸比较丰富，而且利于人体吸收。

另外，孕妈妈还可以吃些坚果类食物，但是切记不要吃得过多，以免上火引起便秘。

++◉++ ++◉++ ++◉++ ++◉++ ++◉++ ++◉++ ++◉++ ++◉++

Day 191
环境胎教：布置温馨的家

___年___月___日

孕___月___周___天

离预产期还有_____天

为迎接胎宝宝的到来，准爸爸和孕妈妈不妨提前布置一个温馨的家送给他吧！

准爸爸可以在居室的墙壁上悬挂一些活泼、可爱的宝宝图，这些可爱、漂亮的图片能让孕妈妈产生美好的想象。或者在室内挂一些景色优美的画作，对胎宝宝艺术细胞的提升也有帮助哦！

此外，准爸爸可以买一些布艺装饰品或者玩偶布置房间，增加居所的温馨感。

美育胎教：折纸——小衣服

—— 年 —— 月 —— 日

孕 —— 月 —— 周 —— 天

离预产期还有 _____ 天

1. 准备一张正方形的纸，横竖分别对折。

2. 沿着虚线，向前折叠。

3. 继续沿着图中虚线，向前折叠。

4. 如图 4 继续折叠。

5. 再次沿着虚线折叠。

6. 最终制作完成一件小衣服。

折纸游戏十分锻炼孕妈妈的动手能力，考验每一步的观察能力。孕妈妈要有耐心，折出一件小衣服送给胎宝宝吧！

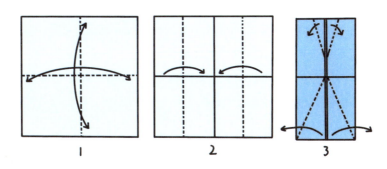

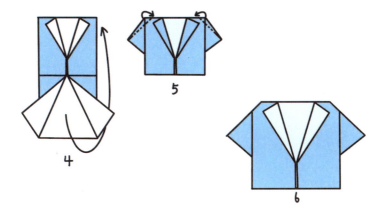

Day
193
故事胎教：狼来了

很久之前有个放羊的小男孩，他每天都赶着羊群去山上放羊。时间长了小男孩就感觉很无聊。这天放羊的时候他突然想到一个捉弄大家的好点子。

于是他朝山下正在种田的农夫们大喊："狼来了！狼来了！救命啊！"农夫们听到喊声，急忙拿着镰刀和锄头往山上跑去，边跑边喊："不要怕孩子，我们马上就去帮你打恶狼。"等到了山上却发现一只狼的影子都没有看到，放羊的小孩大笑着说："你们都上当啦！狼根本没有来。"农夫们生气地下山去了。

第二天，小孩又向山下喊："狼来了！狼来了！救命啊！"善良的农夫们又一次冲上来帮他打狼，可还是没有见到狼的影子，小孩笑得直不起腰："你们又上当啦！哈哈！"农夫们因为小孩反复地说谎，非常生气，之后不再信他说的任何话了。

过了几天，狼真的来了，狼凶狠地冲进了羊群，小孩害怕极了，拼命地向农夫们喊："狼来了！狼来了！救命呀！这次狼真的来了！"农夫们听到他的喊声，以为他又在说谎，没有人理会他，结果他放的很多羊都被狼咬死了。

Day
194
运动胎教：脚踏车式

——年——月——日

孕——月——周——天

离预产期还有 —————— 天

这个动作可以按摩腹内器官，缓解消化不良和便秘等问题；还可以强健双腿、髋部及腹部的肌肉群。

具体做法：

1.仰躺在垫子上，背部贴紧垫子。双手放于身体两侧，手心朝下，指尖朝前。双腿弯曲，放松。

2.抬起双腿，弯曲双膝小于或等于90°，上半身保持不动。

3.双腿交替慢慢地向前踩小圈，仿佛在骑自行车。踩圈时保持弯膝，伸腿时保持膝盖伸直，脚背绷直，和小腿在同一直线上。上身一直保持不动。

4.重复10次后，停止踩圈，将膝盖收到胸前。

Tips

保持颈肩放松，下巴稍微内收，后腰紧紧贴地。呼吸和动作都要均匀顺畅。

163

Day
195
准爸爸胎教：
按摩孕妈妈水肿的腿和脚

___年___月___日

孕___月___周___天

离预产期还有_____天

  这个时候的孕妈妈是不是发现自己的腿变粗了，脚也变大了。其实这并不是你长胖了，而是因为孕期水肿，这是孕期里的正常生理现象。这个时候需要准爸爸给孕妈妈的腿部进行按摩啦！

  每天晚饭后，让孕妈妈躺在床或沙发上，准爸爸就可以给孕妈妈按摩腿脚了。

Day 196

音乐胎教：儿歌《打电话》

歌词

两个小娃娃呀，正在打电话呀，

喂喂喂，你在哪里呀？哎哎哎，

我在幼儿园。

两个小娃娃呀，正在打电话呀，

喂喂喂，

你在做什么？哎哎哎，

我在学唱歌。

喂喂喂，你在哪里呀？

我在幼儿园。

喂喂喂，你在做什么呀？

我在学唱歌。

扫一扫即可听
《打电话》

赏析

这首儿歌，简单易懂，适合 0 ~ 6 岁的宝宝。通过打电话这样的互动性儿歌情景，可以锻炼宝宝的记忆、语言、音乐等能力。

这样胎教更有效

孕妈妈不妨给胎宝宝买个玩具电话吧，一边唱着这首打电话的儿歌，一边模仿打电话的场景，拿着电话让胎宝宝听一听，这样的互动既可以锻炼胎宝宝的音乐节奏感，又可以开发胎宝宝的语言和思维能力。

孕妈妈可以和胎宝宝进行简短的对话，例如，喂，是我可爱的宝贝吗？你现在在做什么，可以跟我一起唱歌吗？

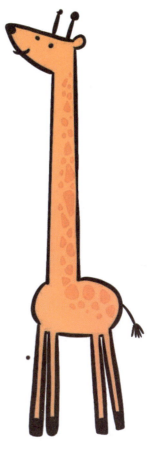

165

第8个月（29～32周）
没有什么比快乐胎教更重要

踏入孕8个月，孕妈妈的身体越来越笨重，行动更加不便，还会时常感到很疲劳。而且胎宝宝正在加速生长发育，他正在为出生做最后的冲刺，一起加油吧！

身体继续发育

这个阶段胎宝宝的身体里的各个器官还在迅速发育，此时的胎教计划还要继续按部就班地进行啊，坚持才是硬道理！

Day 197 ~ 198

情绪胎教：
心情日记——宝贝我想对你说

___年___月___日

孕___月___周___天

离预产期还有_____天

现在已经进入了孕晚期，此时离胎宝宝的出生又近了一大步，孕妈妈一定有很多话想对胎宝宝说吧，动笔写下来吧！

致橡树

文/舒婷

我如果爱你——

绝不像攀援的凌霄花，

借你的高枝炫耀自己；

我如果爱你——

绝不学痴情的鸟儿，

为绿荫重复单调的歌曲；

也不止像泉源，

常年送来清凉的慰藉；

也不止像险峰，

增加你的高度，衬托你的威仪。

甚至日光，

甚至春雨。

不，这些都还不够！

我必须是你近旁的一株木棉，

做为树的形象和你站在一起。

根，紧握在地下；

叶，相触在云里。

每一阵风过，

我们都相互致意，

但没有人，

听懂我们的言语。

你有你的铜枝铁干，

像刀，像剑，也像戟；

我有我红硕的花朵，

像沉重的叹息，

又像英勇的火炬。

我们分担寒潮、风雷、霹雳；

我们共享雾霭、流岚、虹霓。

仿佛永远分离，

却又终身相依。

这才是伟大的爱情，

坚贞就在这里；

爱——

不仅爱你伟岸的身躯，

也爱你坚持的位置，足下的土地。

胎教有话说

准爸爸读给孕妈妈听吧，让孕妈妈感受你对他的爱。

169

宋国有个农夫，他总是担心田里的禾苗长得不快，每天都到田里去看看禾苗长高了没有。可是几天过去了，禾苗好像一点儿也没有长。这下把他急坏了，他在田边想啊想："我必须想办法让它们长得再高点。"于是，他回到家中苦思冥想。

有一天，他终于想到了一个办法，就慌忙跑到田边，将禾苗一棵棵地往上拔。他从早上开始拔，一直忙到很晚，累得直喘粗气。干完活后他发现禾苗都长高了。

回到家中，他高兴地和儿子说了，儿子听后急忙跑到田间想找个办法补救。可是赶到田边时，禾苗已经枯死了。

明理

这个故事中的农夫不顾禾苗生长的客观规律，一味追求迅速成功，结果把事情弄得一团糟。

对胎宝宝这样说

宝贝，被拔起来的禾苗是长不大的，因为禾苗一旦脱离了土壤和水分就会干枯。这个农夫为了让禾苗迅速长高，采取了错误的做法，实在是不可取的。我们可不要学他，而应该尊重植物生长的规律，坚持辛勤劳作才能有收获。

运动胎教：蹲坐式

　　此时的孕妈妈进入了孕晚期，这个阶段的运动最好是易操作的。蹲坐式瑜伽有利于促进骨盆区域血液循环，滋养子宫，适合这个阶段的孕妈妈练习。不过要注意身体平衡哦！

具体做法：

　　1. 调整呼吸，呈站立姿势，双腿打开略比肩宽，脚尖向外打开。

　　2. 松开双手，屈膝下蹲，双臂绕过双膝外侧，双手胸前合十。

　　3. 目视前方，臀部朝向地面的方向，脊柱向上延展，保持 3 分钟。

Tips

　　孕妈妈在做这个动作的时候注意从站到下蹲的速度应慢一些，如果脚比较紧，可以把脚分开。蹲下的时候如果不能平衡，可以垫个东西让臀部坐在上面。

Day
202
准爸爸胎教：
带孕妈妈逛一逛

___年___月___日

孕___月___周___天

离预产期还有_____天

放假的时候，准爸爸不妨多带着孕妈妈外出散步，除了去公园，还可以带着孕妈妈去逛商场，如果有好看的孕妇装可以试一试，因为孕妈妈的肚子更大了。准爸爸要记得称赞孕妈妈哦，她一定会很开心的！

Day
203
音乐胎教：《杜鹃圆舞曲》

___年___月___日

孕___月___周___天

离预产期还有_____天

赏析

《杜鹃圆舞曲》是挪威作曲家约翰·埃曼努埃尔·约纳森的一首非常经典的曲目。整首乐曲欢快、清新，特别适合在熟睡后的早晨倾听。轻快、活泼的节奏和清新、流畅的旋律，描绘了一幅生机盎然的景象。

胎教有话说

早晨倾听这首曲子，开启一整天美好的生活。听一听活泼、可爱、明朗的《杜鹃圆舞曲》，和小鸟一起玩耍嬉闹，让肚子里的胎宝宝跟着互动起来吧！

第30周 丰满的胎宝宝

胎宝宝的头发越来越密，骨骼也变硬了，皮下脂肪不断被"充实"。这个阶段要注意营养胎教，多补钙最关键。

Day 204
营养胎教：
孕妈妈要多补钙啦

___年___月___日

孕___月___周___天

离预产期还有_____天

此时，胎宝宝的营养需求达到最高峰，他的骨骼、肌肉正日趋成熟，孕妈妈在这一周应多喝一些牛奶，每天最好喝两杯（500毫升）。

不爱喝牛奶的孕妈妈也可以喝豆浆，吃些豆制品等。这些食物中钙的含量也很高，特别是海带和紫菜中还含有丰富的碘，有利于胎宝宝发育。

缺钙比较严重的孕妈妈要根据医生的建议补充钙剂，用量也得听医生的。

Day 205
情绪胎教：给自己一个冥想

___年___月___日

孕___月___周___天

离预产期还有_____天

孕妈妈的冥想是克服孕期由于一系列激素变化带来的情绪波动的过程，通过大脑神经的不断主动调节，来达到平复或缓冲激素变化的目的，从而实现心态平和的效果。

具体做法

固定一个时间，一个安静的地点，如黎明或黄昏时的卧室，在床上或铺个垫子在地上，舒服地躺在上面，调整呼吸，闭上眼睛。

美育胎教：折纸——小黄鸭

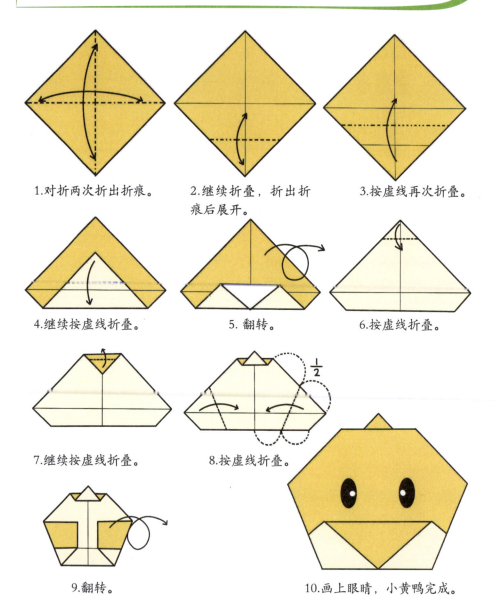

1.对折两次折出折痕。

2.继续折叠，折出折痕后展开。

3.按虚线再次折叠。

4.继续按虚线折叠。

5.翻转。

6.按虚线折叠。

7.继续按虚线折叠。

8.按虚线折叠。

9.翻转。

10.画上眼睛，小黄鸭完成。

折只小黄鸭，锻炼手指，又动了脑，还能舒缓孕期压力。快行动起来吧！

Day
207

故事胎教：曹冲称象

——年——月——日

孕——月——周——天

离预产期还有 _____ 天

中国古时候有个大官，叫曹操。有人送给他一头大象，他很高兴，带着儿子和官员们一同去看。

大象又高又大，身子像堵墙，腿像四根柱子。官员们一边看一边议论：象这么大，到底有多重呢？曹操问："谁有办法把这头大象称一称？"有的说："得造一杆大秤，砍一棵大树做秤杆。"有的说："有了大秤也不行啊，谁能提得起这杆大秤呢？"也有的说："把大象杀了，割成一块一块的再称。"曹操听了直摇头。

这时，曹操的儿子曹冲才七岁，他站出来说："我有个办法。把大象赶到一条大船上，看船身下沉了多少，就沿着水面，在船舷上画一条线。再把大象赶上岸，再往船里装石头，等船下沉到画线的地方，称一称船里的石头，不就知道大象有多重了吗？"曹操微笑着点点头。他叫人按照曹冲说的办法去做，果然称出了大象的重量。

胎教有话说

曹冲用奇特的办法将大象的重量称了出来，比那些官员们还聪明。故事告诉我们遇事只要肯动脑筋，就一定会想出解决问题的好办法。宝贝，你也要做一个爱动脑筋的孩子哦！

Day
208 ～ 209
运动胎教：避免久坐和久站

现在孕妈妈的子宫已经被胎宝宝撑满了，增大的子宫会压迫下腔静脉，导致下肢容易出现肿胀，如果长时间站立或久坐会加剧这种状况，还会使身体下部水肿。所以进入这个阶段的孕妈妈，要保持运动习惯，避免长时间站立和久坐。晚上睡觉时，多拿一个枕头垫在脚下，帮助血液回流。

Day
210
准爸爸胎教：多多理解孕妈妈

这一阶段的孕妈妈可能会出现孕晚期的一些不舒服情况。例如，孕妈妈的睡眠时间会变少，一夜醒好几次。反复折腾时会把准爸爸弄醒，但是准爸爸要理解、照顾她。最好能陪她聊聊天，或为她按摩穴位，帮助她克服失眠烦恼。

呼吸更自然

这一周由于子宫底上升到了横膈膜处，孕妈妈会感觉到胸闷气短，呼吸不顺畅，但是孕妈妈也不要因为这样而影响胎教的进行，因为胎宝宝的大脑仍在继续发育。

Day 211 ~ 212

美育胎教：
现代诗《我有一个恋爱》

____年____月____日
孕____月____周____天
离预产期还有_____天

我有一个恋爱

文/徐志摩

我有一个恋爱——
我爱天上的明星；
我爱他们的晶莹：
人间没有这异样的神明。
在冷峭的暮冬的黄昏，
在寂寞的灰色的清晨，
在海上，在风雨后的山顶——
永远有一颗，万颗的明星！

山涧边小草花的知心，
高楼上小孩童的欢欣，
旅行人的灯亮与南针——
万万里外闪烁的精灵！
我有一个破碎的魂灵，
像一堆破碎的水晶，
散布在荒野的枯草里——
饱啜你一瞬瞬的殷勤。

人生的冰激与柔情，
我也曾尝味，我也曾容忍；
有时阶砌下蟋蟀的秋吟，
引起我心伤，逼迫我泪零。
我袒露我的坦白的胸襟，
献爱与一天的明星：
任凭人生是幻是真，
地球在或是消派——
太空中永远有不昧的明星！

赏析

这是一首关于理想的诗歌，诗人的人生追求与晶莹的星光互为融合，表达出诗人执着的爱恋与坚定的信仰。

胎教有话说

准爸爸为孕妈妈读一读这首诗歌吧，一起回味一下当初恋爱时的情景，肚子里的胎宝宝是你们爱情的结晶，你们相亲相爱就是孩子最大的幸福，让胎宝宝和你们一起体会热恋时的幸福吧！

Day
213 ～ 214
语言胎教：
早晨和晚上都和胎宝宝聊聊天吧

——年——月——日

孕——月——周——天

离预产期还有_____天

早晨

一般孕妈妈或者准爸爸可以在早晨起床前和胎宝宝聊聊天：

首先，可以轻抚腹部，说声："早上好，宝宝，昨晚你睡得香吗？"

打开窗帘告诉胎宝宝："哦，天气真好！太阳公公都起床啦！我们也要开始美好的一天了。"

随后，孕妈妈洗脸、刷牙的时候，可以跟胎宝宝讲："妈妈在洗脸，你听这是流水的声音。"

如果准爸爸参与，可以和胎宝宝说："宝宝，早上好，爸爸要去上班啦！晚上回来再和你玩，记得想爸爸呀！"

晚上

准备睡觉前，孕妈妈或者准爸爸可以跟胎宝宝讲一讲：

"哦，宝宝，我们要准备睡觉啦，睡觉之前我们要互道一声晚安！"

胎教有话说

建议孕妈妈或者准爸爸最好每次都以相同的词句开头和结尾，这样循环往复，不断强化，效果比较好。既可以锻炼胎宝宝的语言能力，还能让胎宝宝分清白天和晚上。

Day 215

—— 年 —— 月 —— 日

孕——月——周——天

离预产期还有 _____ 天

准爸爸胎教：陪妻子一起运动

虽然现在孕妈妈身子越发笨重，不过为了顺利分娩，一定要保证她的运动量。现在准爸爸就要督促孕妈妈运动啦！每天晚饭后，除了带着孕妈妈去楼下一起散步，还可以在室内做一些简单的辅助运动。

运动推荐

1. 蹲小马步

孕妈妈手扶准爸爸，双脚平稳站立，慢慢弯曲膝盖，骨盆下移，两腿自然分开，双膝弯曲。调整呼吸，慢慢站起，重复数次。

2. 划腿运动

孕妈妈手扶准爸爸，右腿固定，左腿划圈，做毕还原，换腿继续做，进行3～4次即可。

3. 腰部运动

孕妈妈手扶准爸爸，缓缓吸气，同时手臂用力，脚尖踮起，腰部挺直，使下腹部紧靠椅背，然后慢慢呼气，手臂放松，脚还原，早晚各做3～4次。

Day 216

—— 年 —— 月 —— 日

孕——月——周——天

离预产期还有_____天

**运动胎教：
注意运动安全、动作小心**

孕妈妈的肚子越来越大，隆起的大肚子让你的重心也前倾了，所以这段时间要特别注意安全，洗澡的时候最好靠墙以防止滑倒，走路、下楼、坐下、起身都要小心，幅度不能太大。

虽然，不断笨重的身体会让孕妈妈的行动迟缓，身体各部位的不适感也会让孕妈妈变得慵懒，不过为了顺利分娩，孕妈妈还是要适量做些运动。

Day
217

音乐胎教: 哼唱《小二郎》

___年___月___日

孕___月___周___天

离预产期还有 _____ 天

小么小二郎呀,

背着那书包进学堂,

不怕太阳晒也不怕那风雨狂,

只怕那先生骂我懒呐,

没有学问,

无脸见爹娘,

唧哩个唧哩个唧哩个唧,

没有学问,

无颜见爹娘。

小么小二郎呀,

背着那书包进学堂,

不是为做官也不是为面子光,

只为穷人要翻身呐,

不受人欺负,

为不做牛和羊,

唧哩个唧哩个唧哩个唧,

不受人欺负,

为不做牛和羊。

对胎宝宝说

宝贝,妈妈小时候也像这个小二郎一样,每天背着书包去上学,不会因为有什么困难而退缩,因为学习可以给人增加知识,长大以后才有能力为社会、为家庭做贡献。宝贝,你也要像小二郎一样做个有学问的人,好好学习,天天向上。

继续发育的胎宝宝

这个时候的胎宝宝十分安稳，正在孕妈妈的肚子里飞速发育生长，可不要放松胎教呀！

Day 218

营养胎教：少食多餐

———年———月———日

孕———月———周———天

离预产期还有 ——————————— 天

此时，孕妈妈应保证充足的营养，但过量的食物无论对胎宝宝还是对孕妈妈都是有害的，妊娠性肥胖在宝宝娩出后仍难以纠正。所以，孕妈妈应注意合理饮食，把体重控制在正常的增长范围内。建议孕妈妈每天少食多餐，可以吃 5 ~ 6 餐，还可以多吃一些养胃、易于消化吸收的粥和菜羹。在做这些粥的时候，可以根据自己的口味和身体情况添加配料，甚至可以搭配一些小菜、肉食一起食用。

Tips

如果体重增长过多，孕妈妈最好根据医生的建议适当控制饮食，少吃富含淀粉和脂肪的食物，多吃蛋白质、维生素含量高的食物，以免胎宝宝生长过大或者孕妈妈体重增长太多。

Day
219
美育胎教：
民间艺术——敦煌壁画人物造型

——年——月——日

孕——月——周——天

离预产期还有＿＿＿＿＿＿天

赏析

敦煌壁画中的人物色彩以红色、蓝色、国画中的三绿为主要色彩。色彩绚丽、细腻、浓重、浑厚、形成了重彩风格，整体画面颜色鲜艳，人物造型生动。

这样胎教更有效

小小画家在模仿飞天仙女图的时候一定是非常认真和仔细的，胎宝宝也要学习这种专注的精神哦！

名师点评

图中的人物神态生动、准确，构图饱满，丝带漂浮的感觉让整个画面活灵活现。

182

Day
220 ~ 221
故事胎教：小猫钓鱼

——年——月——日

孕——月——周——天

离预产期还有 _____ 天

有一天早晨，猫妈妈带着小猫去钓鱼。他们来到河边，看见河中的鱼游来游去，开心极了。于是，猫妈妈挂好鱼饵甩出鱼竿，然后坐在草地上，静静地等待大鱼上钩。小猫也学着妈妈的样子，钓起鱼来。

等了一会儿，鱼儿一直没有上钩。小猫无聊地看看四周，发现一只小蝴蝶在花丛中飞来飞去，就起身去抓。但是，小蝴蝶一下子就飞走了，小猫没捉着，只好空着手回来。

此时，猫妈妈正好钓起一条大鱼。小猫说："真气人，我怎么连一条小鱼也钓不着？"

猫妈妈看了看小猫，说："钓鱼要专心，不要那么三心二意的，一会儿捉蜻蜓，一会儿捉蝴蝶，怎么能钓着鱼呢？"

小猫听了妈妈的话，不好意思地抓了抓自己的耳朵，下定决心要好好钓鱼。等蜻蜓、蝴蝶再飞来时，小猫就像没看见一样。不大一会儿，小猫自己也钓上了一条大鱼。

明理

做任何事情要一心一意，不要三心二意。

胎教有话说

宝贝，我们做事情要专一、认真，可不能三心二意，这样就会跟小猫一样，一条鱼也钓不到。

183

Day
222
语言胎教：朗诵《行路难》节选

——年——月——日

孕——月——周——天

离预产期还有 _____ 天

行路难（节选）
唐/李白

金樽清酒斗十千，玉盘珍羞直万钱。

停杯投箸不能食，拔剑四顾心茫然。

欲渡黄河冰塞川，将登太行雪满山。

闲来垂钓碧溪上，忽复乘舟梦日边。

行路难！行路难！多歧路，今安在？

长风破浪会有时，直挂云帆济沧海。

译文

金杯中的美酒一斗价十千，玉盘里的菜肴珍贵值万钱。

心中郁闷，我放下杯筷不愿进餐；拔出宝剑环顾四周，心里一片茫然。

想渡黄河，冰雪却冻封了河川；想登太行山，莽莽风雪早已封山。

像姜尚垂钓溪，闲待东山再起；又像伊尹做梦，他乘船经过日边。

人生道路多么艰难，多么艰难；歧路纷杂，如今又身在何处？

相信乘风破浪的时机总会到来，到时定要扬起征帆，横渡沧海！

赏析

诗人以"长风破浪会有时"的诗句抒发了坚信美好前景终会到来的情感。又以"直挂云帆济沧海"这句话，表达了自己急流勇进的想法。蕴意波澜起伏，跌宕多姿。

这样胎教更有效

即使怀孕的过程很艰难，但是孕育仍是一件幸福的事情。孕妈妈读一读这首诗，虽然路途艰难，但是最终一定可以抵达终点。

Day
223
运动胎教：放松运动

——年——月——日

孕——月——周——天

离预产期还有 ——————天

这一阶段的孕妈妈开始有点小紧张了，因为不知道什么时候胎宝宝就要"出来"了。如果静不下心来，不妨试着平躺下来，给身心一个放松的机会，让自己忐忑的心安静下来。

具体做法：

孕妈妈慢慢地平躺下来，腿部放松，脚趾向上，手平放在身体两侧，手心向上，闭上眼睛，放松身体的各个部分，保持这个姿势 5 ~ 15 分钟。

Day
224
音乐胎教：《粉刷匠》

——年——月——日

孕——月——周——天

离预产期还有 ——————天

歌词：

我是一个粉刷匠，粉刷本领强。
我要把那新房子，刷得更漂亮。
刷了房顶又刷墙，刷子飞舞忙。
哎呀我的小鼻子，变呀变了样。

赏析

《粉刷匠》是一首出自波兰的儿歌，歌曲旋律优美，有节奏感，童趣十足。

胎教有话说

可爱的粉刷匠，仿佛是孕妈妈出生后的宝宝一样！孕妈妈快一边哼唱，一边想象那个画面，实在太棒啦！

185

第9个月（33～36周）孕妈妈调整情绪，将胎教进行到底

　　艰辛而幸福的孕期还有两个月就要结束了，孕妈妈这个时候一定既兴奋又紧张，兴奋是因为即将与胎宝宝见面，紧张是因为分娩或者可能有其他特殊情况的出现。其实，只要胎宝宝在肚子里正常地发育和成长，最终都会平安诞生。孕妈妈只需调整好心态，继续坚持胎教。

胎宝宝更壮啦

在这一周里，胎宝宝的各项发育已经趋向成熟，孕妈妈抱着愉快的心情慢慢等待宝宝的出世吧！

Day 225

营养胎教：饮食缓解便秘情况

___年___月___日
孕___月___周___天
离预产期还有 _____ 天

有便秘困扰的孕妈妈，平时要避免吃辛辣的食物，多吃一些富含纤维素和维生素的食物，这些食物有利于促进肠道蠕动，软化粪便，从而起到润肠滑便的作用。

食物	辅助作用
玉米	玉米是粗粮中的佳品。其膳食纤维含量很高，能刺激胃肠蠕动，加速粪便排泄，对妊娠便秘大有好处。当然，玉米还具有利尿、降压、增强新陈代谢、细致皮肤等功效
土豆	土豆是一种营养非常全面且易消化的食物，有助于胎宝宝的发育，保护孕期健康。同时所含的粗纤维可促进胃肠蠕动和加速胆固醇在肠道内的代谢，具有降低胆固醇和通便的作用，对改善孕期便秘有帮助
黄豆	黄豆的营养价值很高，又被称为"豆中之王""田中之肉"，它含有非常优质的蛋白质和丰富的膳食纤维，有利于胎宝宝的发育，并促进孕妈妈的新陈代谢。同时，丰富优质的膳食纤维能通肠利便，利于改善孕妈妈便秘
草莓	草莓营养丰富，其含有多种人体所必需的维生素和矿物质、蛋白质、有机酸、果胶等营养物质，其中的胡萝卜素有明目养肝的功效。最主要的是其所含果胶和膳食纤维可以助消化，通大便，对胃肠不适有滋补调理作用
红薯	红薯是一种很好的碱性食物。它有保护消化系统，增强免疫功能的作用。孕妈妈常吃红薯，可以促进肠胃蠕动，帮助母体吸收和消化蛋白质等营养物质，还能清除血管壁上的脂肪沉淀物，对孕期便秘、肥胖等都有很好的食疗作用

Day
226

美育胎教：
欣赏诗歌《雪花的快乐》

___年___月___日

孕___月___周___天

离预产期还有_____天

雪花的快乐

文/徐志摩

假若我是一朵雪花，
翩翩的在半空里潇洒，
我一定认清我的方向——
飞扬，飞扬，飞扬，
这地面上有我的方向。

不去那冷漠的幽谷，
不去那凄清的山麓，
也不上荒街去惆怅——
飞扬，飞扬，飞扬，
你看，我有我的方向！

在半空里娟娟的飞舞，
认明了那清幽的住处，
等着她来花园里探望——
飞扬，飞扬，飞扬，
啊，她身上有朱砂梅的清香！

那时我凭借我的身轻，
盈盈的，沾住了她的衣襟，
贴近她柔波似的心胸——
消融，消融，消融，
融入了她柔波似的心胸。

赏析

《雪花的快乐》是现代诗人徐志摩所作的诗歌，作者借雪花的纯洁、飘逸、潇洒、自由等特点，表达对爱与美好生活的追求和向往。

胎教有话说

孕妈妈朗读这首诗歌，可以带入自己的感情，自己和爱人的感情就如同雪花一样真挚、纯洁，告诉胎宝宝自己和准爸爸的感情有多么美。

Day
227 ~ 228
故事胎教：对牛弹琴

———年——月——日

孕——月——周——天

离预产期还有 —————— 天

春秋时期，鲁国有个著名的音乐家，名字叫公明仪。他对音乐有极深的造诣，并且善于弹琴。他的琴声优美动听，人们听到如此美妙的琴声之后往往如醉如痴。

在一年春天，他带着琴来到城郊的田野散步，和煦的春风将青草的芳香吹到他的面前，让他心情非常舒畅。他环顾四周，发现不远处有一头大牛正在吃草。他突发奇想要为这头牛演奏一曲，于是他拨动琴弦，对着这头牛弹奏了一首高雅的《清角之操曲》。

虽然曲子非常悦耳动听，但是那头吃草的牛却根本不理会那高雅的曲调，仍然低着头继续吃草。牛虽然能听到琴弦发出的声音，但是并不能理解曲子中的美妙意境。

公明仪见美妙的琴声并不能打动这头不懂音乐的牛，非常无奈。过了一会儿，他又想出了一个办法。公明仪抚动琴弦，弹出一段段奇怪杂乱的声音，有的像嗡嗡的蚊蝇声，有的像迷路的小牛犊发出的叫声。这时候这头大牛才像突然明白了什么似的，摇摇尾巴，竖起耳朵，听了起来。

对胎宝宝说

宝贝，说话是有讲究的，正如妈妈每次跟你对话一样，总是把温馨的，具有正能量的东西传递给你，希望将来的你能健康成长。

Day 229

准爸爸胎教：与宝贝对话

——年——月——日

孕——月——周——天

离预产期还有_____天

准爸爸可以让孕妈妈坐在宽大舒适的椅子上，然后由孕妈妈先开个头，告诉胎宝宝："宝贝，爸爸就在我们的旁边，爸爸想和你聊聊天。"

这时，准爸爸应该坐在距离孕妈妈50厘米左右的位置上，用平静的语调开始对话，随着对话内容的展开再逐渐提高音量，但注意不要突然发出高音惊吓到胎宝宝。

Day 230 ~ 231

运动胎教：风吹树式

——年——月——日

孕——月——周——天

离预产期还有_____天

此时的孕妈妈一定有些笨重了，开始有点不想动，但是还是别松懈，继续伸展伸展筋骨，锻炼到最后。这个阶段可以考虑进行一下风吹树式动作，有利于加强内脏器官的锻炼，促进消化。

具体做法：

孕妈妈站立在垫子上，双脚打开与髋同宽，肚子太大的妈妈可以打开得多一点。

身体立直，双手合十慢慢推掌根向上，然后将身体向一侧延展，推直手臂，转头看向斜上方。

保持几组呼吸后换另外一侧练习。

Tips

孕妈妈在做这个动作的时候一定要保持骨盆中立位，确保骨盆稳定。

191

第34周 坚持和胎宝宝说话吧

虽然再有一段时间，你们的胎宝宝就要来到这个世界了，但是也别松懈，他在肚子里，非常喜欢听你们说话。

Day 232

营养胎教：继续补钙 为胎宝宝骨骼发育助力

——年——月——日

孕——月——周——天

离预产期还有——————天

到了这个月，孕妈妈还需要增加补钙量。因为胎宝宝体内的钙一半是在最后两个月储存的，如果孕9个月里钙的摄取不足，胎宝宝就会动用母体骨骼中的钙，从而影响孕妈妈的健康。所以赶快补钙吧！

推荐补钙食物

1.奶及奶制品：奶类不仅含钙丰富，而且吸收率高，是很好的补钙食品。

2.豆制品：豆类本身的含钙量并不算高，但是制成豆腐后，钙含量明显增高。豆腐丝、豆腐干等豆制品的钙含量也很高。

3.蔬菜类：一些绿叶菜在补钙效果上并不逊色。在烹饪时，蔬菜用沸水焯过再烹调，钙的吸收率会更好。

4.芝麻酱：一大勺芝麻酱（约25克）所含的钙可达200毫克左右。将芝麻酱制成花卷、烙饼等面食，也可以有不错的补钙效果。

5.黑木耳：黑木耳中含钙量大于300毫克，比牛奶的含钙量还高，能够为人体提供大量的钙元素。

6.海产品类：海带、紫菜等海产品都有较高的钙含量。

Day
233

美育胎教：简笔画——蜗牛

——年——月——日

孕——月——周——天

离预产期还有＿＿＿＿＿天

1.准备纸和彩笔。在纸上画蜗牛的
壳，一圈又一圈。

2.画出蜗牛壳的纹路。

3.画出蜗牛的两只眼睛。

4.画出他的小身子。

5.画出头上的触角。

6.给蜗牛涂上颜色。

1

2

3

4

5

6

对胎宝宝说

小蜗牛，慢悠悠。爬一会儿，歇一会儿。坚持住，不放弃！

宝贝，小蜗牛虽然没有腿，靠着笨重的身子，慢悠悠地爬，但是它很
勤奋，所以也会爬到想去的地方，累了就缩到壳子里休息一会儿，然后继
续爬。我们也要不畏惧任何困难，努力地生活每一天！

白杨礼赞（节选）

那是力争上游的一种树，笔直的干，笔直的枝。它的干呢，通常是丈把高，像是加以人工似的，一丈以内绝无旁枝；它所有的丫枝呢，一律向上，而且紧紧靠拢，也像是加以人工似的，成为一束，绝无横斜逸出。它的宽大的叶子也是片片向上，几乎没有斜生的，更不用说倒垂了；它的皮，光滑而有银色的晕圈，微微泛出淡青色。这是虽在北方的风雪的压迫下却保持着倔强挺立的一种树。哪怕只有碗来粗细罢，它却努力向上发展，高到丈许，二丈，参天耸立，不折不挠，对抗着西北风。

赏析

作者用"力争上游"点明白杨树的外观体现的精神气质，接着连用两个"笔直"突出了白杨树体现这种精神气质的外观特点。

再是具体描绘了白杨树，"一律向上，紧紧靠拢""绝无横斜逸出"；叶，"片片向上，几乎没有斜生的，更不用说倒垂了""光滑而有银色的晕圈，微微泛出淡青色"。

然后由"形"进一步深入到"神"，高度赞颂了白杨树努力向上，不屈不挠的坚强性格。

胎教贴心话

读完这段文章，小宝贝，你猜到了白杨树长什么样了吗？如果还不是很清楚也不要紧，等你出生，妈妈再带你去看一看真正的白杨树。胎宝宝不要忘记学习白杨树勇敢与坚韧的精神品质。

Day
235 ~ 236
故事胎教：豌豆公主

——年——月——日

孕——月——周——天

离预产期还有 ＿＿＿＿＿＿＿＿ 天

　　从前有一位王子，他想找一位公主结婚。有一天晚上，忽然起了一阵可怕的暴风雨。这时，有人在敲门，老国王就走过去开门，发现是一位美丽的女孩。可是，经过了风吹雨打之后，她的样子是多么难看啊！水沿着她的头发和衣服向下流，流进鞋尖，又从脚跟流出来。她说自己是一位公主。

　　老皇后心想："这个我们马上就可以查出来。"可是，公主什么也没说。她走进卧房，把所有的被褥全部搬开，在床榻上放了一粒豌豆。然后她取出二十张床垫子，把它们压在豌豆上。随后，她又在这些垫子上放了二十床鸭绒被。

　　这位公主夜里就睡在这些东西上面。早晨大家问她昨晚睡得怎样。"啊，一点儿也不舒服！"公主说，"我差不多整夜都没有合上眼！床下有一粒很硬的东西硌着我，弄得我全身发紫，这真是太可怕了！"

　　大家认为女孩的确是一位真正的公主。因为压在这二十层床垫子和二十床鸭绒被下面的一粒豌豆，她居然还能感觉得出来。除了真正的公主以外，任何人都不会有这么稚嫩的皮肤。

　　因此，那位王子就选她做妻子了，因为她是一位真正的公主。

对胎宝宝说

　　女孩通过智慧，证明了自己是一位真正的公主。所以，我们有想要的人或物，也要通过自己的努力去获得。

195

Day
237 ～ 238
联想胎教：他会是什么模样

___年___月___日

孕___月___周___天

离预产期还有 _____ 天

再有一个多月，胎宝宝就要和孕妈妈、准爸爸见面了，此时总忍不住去想象他会是什么模样，是像爸爸多一些，还是像妈妈多一些呢？结合下面这首小诗，不妨畅想一下。

一首小诗送给准爸爸和孕妈妈

他会是什么模样？我久久地凝视玫瑰的花瓣，欢愉地抚摸它们：我希望它的小脸蛋像花瓣一般娇艳。我在盘缠交错的黑莓丛中玩耍，因为我希望他的头发也长得这么乌黑卷曲。不过，假如他的皮肤像陶工喜欢的黏土那般黑红，假如他的头发像我的生活那般平直，我也不在乎。

我远眺山谷，雾气笼罩那里的时候，我把雾想象成女孩的侧影，一个十分可爱的女孩，因为也可能是女孩。

但是最要紧的是，我希望他看人的眼神跟那个人一样甜美，声音跟那个人对我说话一样微微颤抖，因为我希望在他身上寄托我对那个吻我的人的爱情。

——作者：加夫列拉·米斯特拉尔

正在长大的胎宝宝

第35周

距离预产期还有一个月了，胎宝宝基本已经发育完全，可以说他现在长得已经就是以后出生时的那个小模样了，有没有点小期待？

Day 239

营养胎教：补铁、补血

—年—月—日

孕—月—周—天

离预产期还有_____天

到了这一周，孕妈妈除了必要的补钙，还需要增加补铁，食疗补铁显得很关键。如果是贫血严重的孕妈妈，最好询问医生要不要额外补充补铁剂，以免影响胎宝宝最后阶段的正常发育。

 蜂蜜红枣汤

【原料】

红枣、蜂蜜各适量，陈皮少许。

【做法】

1.红枣洗干净，去核；陈皮丝冲洗干净，备用。

2.将红枣、陈皮丝放入锅中，加水没过红枣。

3.大火煮开后，转小火煮，将水分耗尽、红枣煮软后，用按压器把红枣按压成泥。

4.凉凉后，放入干净瓶子中，加入蜂蜜拌匀，放入冰箱冷藏保存。

5.食用时取一勺蜂蜜大枣茶，兑入温水或凉水调匀即可。

【营养功效】

孕晚期孕妈妈特别容易缺铁，诱发贫血，而红枣含有丰富的铁质，适量食用红枣可以预防贫血。

【食材巧搭配】

除了红枣具有补血补铁的作用，动物肝脏、瘦肉、鸡蛋也具有补铁作用，孕妈妈可以搭配着吃。

___年___月___日

孕___月___周___天

离预产期还有_____天

准爸爸或者孕妈妈一起动动脑筋想一想：左图中的三角形，如何通过移动其中的三个圆圈，得到右图中的三角形？

答案

1.假设10个三角形是1到10的数字，那么就该是如下图：

①
②③
④⑤⑥
⑦⑧⑨⑩

（1）移动3个三角形该是把1放到8、9的下面（移动了第1个三角形）

（2）把7放到2的前面（移动了第2个三角形）

（3）把10放到3的后面（移动了第3个三角形）

2.现在得到的三角形就是如下图：

⑦②③⑩
④⑤⑥
⑧⑨
①

Day
241

故事胎教：亡羊补牢

很久很久以前，有个人养了一圈羊。一天早晨，他发现少了一只羊，仔细一查，原来羊圈破了个洞，夜里狼钻进来把羊叼走了一只。

邻居劝他说："赶快把羊圈修修，把洞堵上吧！"那个人不肯接受劝告，说："羊已经丢了，还修羊圈干什么？多此一举。"

第二天早上，他发现羊又少了一只。原来，狼又从洞口钻了进来，又叼走了一只羊。他很后悔自己没听从邻居的劝告，便赶快堵上窟窿，修好了羊圈。

从此以后，狼再也不能钻进羊圈叼羊了。

明 理

这个故事告诉我们出了问题以后一定要第一时间想办法补救，不要等到错过了最佳时机，这样会损失惨重。

对胎宝宝说

宝贝，我们可不要向这个大人学习啊，等到羊都丢了还不吸取教训，赶紧把坏了的栅栏修补好。遇到了问题，一定要及时补救和改正。

199

Day 242

知识胎教：
水肿是正常的孕期症状

___年___月___日

孕___月___周___天

离预产期还有_____天

　　部分孕妈妈到了孕晚期，尤其是到了最后一个月特别容易出现水肿情况，身体的不适有时候会影响心情，有时候还会担心这样的水肿，是不是因为肚子里的胎宝宝有什么问题。其实，水肿是妊娠晚期的常见症状之一，是正常的情况。当水肿发生时应该多休息，平时在家还可以将脚部适当垫高，有利于静脉血液回流，水肿止痛。

Day 243

准爸爸胎教：
早一点回家陪伴孕妈妈

___年___月___日

孕___月___周___天

离预产期还有_____天

　　此时的孕妈妈面对即将分娩的情况，大多会有点敏感和紧张，准爸爸一定不要忽视孕妈妈的情绪变化。最好每天结束工作之后，减少不必要的应酬和外出，尽量早点回家陪伴妻子，陪她吃饭、散步，看电视都是对她和宝宝爱的表现。

Tips

　　孕期生理性的水肿很常见，准妈妈无须太担心！但孕期一定要注意检测血压、尿常规及血肌酐、尿素氮等肾功能指标，注意有没有颜面水肿、尿中泡沫增多等情况发生。如果有异常情况，千万别大意，要及时去医院检查，明确病因。

Day
244 ～ 245

音乐胎教：
童谣《你拍一，我拍一》

___年___月___日

孕___月___周___天

离预产期还有_____天

你拍一，我拍一，一个小孩开飞机。

你拍二，我拍二，两个小孩梳小辫。

你拍三，我拍三，三个小孩来搬砖。

你拍四，我拍四，四个小孩写大字。

你拍五，我拍五，五个小孩挖红薯。

你拍六，我拍六，六个小孩吃豆豆。

你拍七，我拍七，七个小孩穿新衣。

你拍八，我拍八，八个小孩吹喇叭。

你拍九，我拍九，九个小孩齐步走。

你拍十，我拍十，十个小孩在学习。

胎教有话说

准爸爸和孕妈妈一起一边拍手，一边唱这首童谣吧！说不定准爸爸和孕妈妈在外面互动，小宝贝在肚子里也会跟着互动起来呢。这首童谣富有节奏韵律感，很适合给胎宝宝哼唱，对培养他的律动性很有帮助。

Tips

这个阶段，孕妈妈轻声吟唱的轻柔、有韵律的摇篮歌，对胎宝宝来说就是天籁之音。有研究表明，多给胎宝宝念童谣和哼唱儿歌，可以很好地培养胎宝宝的语言能力，提早建立韵律感。

第36周 胎宝宝足月了

现在，胎宝宝已经接近足月，各个器官也已经基本发育完善，正准备着在接下来的几周与孕妈妈、准爸爸见面。

Day 246

营养胎教：红薯粥

——年——月——日

孕——月——周——天

离预产期还有 —————— 天

🍽 红薯粥

【原料】

大米 30 克、红薯半个。

【做法】

1.大米淘洗干净后加入足量的清水，煮成大米粥。

2.红薯洗净后削去外皮，切成薄片。

3.红薯片放入蒸锅中蒸至熟透。

4.取出蒸好的红薯，用勺子碾压成泥状。

5.红薯泥放入米粥中，搅拌均匀即可。

【营养功效】

红薯富含丰富的膳食纤维，有利于促进胃肠蠕动，改善孕晚期便秘或排便困难等问题。

【食物巧搭配】

如果觉得红薯粥太单一，可以加入一些其他食材，如南瓜、山药等，这两种食物也同样富含膳食纤维，对促进胃肠蠕动，帮助消化有好处。而且营养价值很高，适合孕期食用。

Day
247
美育胎教：
《春》

——年——月——日

孕——月——周——天

离预产期还有——————天

春

文/朱自清

盼望着，盼望着，东风来了，春天的脚步近了。

一切都像刚睡醒的样子，欣欣然张开了眼。山朗润起来了，水涨起来了，太阳的脸红起来了。

小草偷偷地从土地里钻出来，嫩嫩的，绿绿的。园子里，田野里，瞧去，一大片一大片满是的。坐着，躺着，打两个滚，踢几脚球，赛几趟跑，捉几回迷藏。风轻悄悄的，草软绵绵的。

桃树，杏树，梨树，你不让我，我不让你，都开满了花赶趟儿。红的像火，粉的像霞，白的像雪。花里带着甜味；闭了眼，树上仿佛已经满是桃儿、杏儿、梨儿。花下成千成百的蜜蜂嗡嗡地闹着，大小的蝴蝶飞来飞去。野花遍地是：杂样儿，有名字的，没名字的，散在草丛里像眼睛，像星星，还眨呀眨的。

"吹面不寒杨柳风"，不错的，像母亲的手抚摸着你。风里带来些新翻的泥土的气息，混着青草味儿，还有各种花的香，都在微微润湿的空气里酝酿。鸟儿将巢安在繁花嫩叶当中，高兴起来了，呼朋引伴地卖弄清脆的喉咙，唱出宛转的曲子，跟清风流水应和着。牛背上牧童的短笛，这时候也成天嘹亮地响着。

雨是最寻常的，一下就是三两天。可别恼。看，像牛毛，像花针，像细丝，密密地斜织着，人家屋顶上全笼着一层薄烟。树叶儿却绿得发亮，小草儿也青得逼你的眼。傍晚时候，上灯了，一点点黄晕的光，烘托出一片这安静而和平的夜。在乡下，小路上，石桥边，有撑起伞慢慢走着的人，地里还有工作的农民，披着蓑戴着笠。他们的房屋，稀稀疏疏的，在雨里静默着。

天上风筝渐渐多了，地上孩子也多了。城里乡下，家家户户，老老小小，

203

也赶趟儿似的，一个个都出来了。舒活舒活筋骨，抖擞抖擞精神，各做各的一份儿事去，"一年之计在于春"，刚起头儿，有的是工夫，有的是希望。

春天像刚落地的娃娃，从头到脚都是新的，它生长着。

春天像小姑娘，花枝招展的，笑着，走着。

春天像健壮的青年，有铁一般的胳膊和腰脚，领着我们上前去。

赏析

散文《春》描绘了我国南方春天特有的景色：绿草如茵，花木争荣，春风拂煦，细雨连绵，呈现一派生机和活力，在春境中的人，也精神抖擞，充满希望。

Day 248
情绪胎教：说出你的紧张情绪

——年——月——日

孕——月——周——天

离预产期还有 _____ 天

这个时候的孕妈妈，面对分娩和即将出世的胎宝宝，也一定会感到紧张不安吧，如果孕妈妈是初产，这种紧张感会更强烈，这个时候可以和准爸爸聊聊，也可以找和自己孕周相近或刚生完宝宝的新妈妈交流下，向她们汲取一些经验，分享经历，这样孕妈妈会感觉轻松一点。

把令孕妈妈紧张的原因写下来吧！

1. 快生产了，有点儿害怕难产。

2. 快生产了，害怕宝宝有缺陷。

3. 快生产了，怕自己照顾不好新生宝宝。

4. 有点想念自己的爸爸妈妈了。

5. 生产过程中，不知道会遇到什么问题，有点儿紧张。

6. 遇到男医生怎么办？

Day
249
故事胎教：刻舟求剑

——年——月——日

孕——月——周——天

离预产期还有——————天

有一个楚国人出门远行。他在乘船过江的时候，一不小心，把随身带着的剑落到江中的急流里去了。船上的人都大叫："剑掉进水里了！"

这个楚国人马上用一把小刀在船舷上刻了个记号，然后回头对大家说："这是我的剑掉下去的地方。"众人疑惑不解地望着那个刀刻的印记。有人催促他说："快下水去找剑呀！"

楚国人说："慌什么，我有记号呢。"船继续前行，又有人催他说："再不下去找剑，这船越走越远，当心找不回来了。"

楚国人依旧自信地说："不用急，不用急，记号刻在那儿呢。"

直至船行到岸边停下后，这个楚国人才顺着他刻有记号的地方下水去找剑。可是，他怎么能找得到呢。掉进江里的剑是不会随着船行走的，而船和船舷上的记号却在不停地前进。等到船行至岸边，船舷上的记号与水中剑的位置早已风马牛不相及了。这个楚国人用上述办法去找他的剑，不是太糊涂了吗？

他在岸边船下的水中，白费了好大一阵工夫，结果毫无所获，还招来了众人的讥笑。

明理

这个故事告诉我们用老旧的眼光去看待不断变化的事物，必然要犯脱离实际的错误。

胎教贴心话

宝贝，你一定很奇怪，这是怎么回事呢？其实，船在水里是一直在动的，如果东西掉了下去，在船上做任何记号，再到水里找东西也会有偏差的。

205

Day 250

准爸爸胎教：
给胎宝宝的一封信

____年____月____日

孕____月____周____天

离预产期还有_____天

在不久的某一天，辛苦孕育的小宝宝就要来到这个世界了，孕妈妈是不是一想到这些就会激动？会不会有诸多的猜想？会不会内心涌起沉甸甸的幸福感？会不会担心他长得够不够漂亮？会不会担心他够不够健康？想对他说的话太多太多，不如安静坐下来，给肚子里的宝宝写一封信吧！告诉他，自己已经在做各种准备来迎接他的到来！

年　　　月　　　日

Day
251 ~ 252
美育胎教：
民族艺术——东巴画纹样

——年——月——日

孕——月——周——天

离预产期还有——————————天

赏析

纳西族东巴画的绘画形象具有强烈的原始意味，以线条表现为主，绘画风格朴实生动，奇异诡谲，野趣横生，色彩多用原色，鲜艳夺目，保留了浓郁的象形文字书写特征，是研究人类原始绘画艺术的"活化石"。

这样胎教更有效

了解东巴象形文字，用东巴文装饰背景。绘画中充满了丰富的想象力、表现力和创造力。孕妈妈可以将东巴文化了解一下，带着胎宝宝感受民族艺术的魅力。

名师点评

东巴人物蹲坐且回头的感觉非常不错，黑白灰准确，画面构图饱满，颜色丰富，线条精细。

第10个月（37～40周）
快要见面啦!
让胎宝宝与孕妈妈更加勇敢

　　这个月的某一天就要和宝贝见面了，忐忑而兴奋，这个时候也不要忽视胎教，没事的时候摆出舒服的姿势让身体放松，听着舒缓的音乐，联想一些令人愉悦的场景。当孕妈妈沉浸在美好之中，胎宝宝也会通过感官感受到这些积极乐观的信息。

第 37 周 准备好了吗

这一周开始，宝宝随时都可能出生，准爸爸和孕妈妈要做好充足的准备。

Day 253
营养胎教：最后一个月了，孕妈妈该怎么吃

___年___月___日

孕___月___周___天

离预产期还有_____天

此时孕妈妈的胃口都比较好，除了继续坚持合理饮食之外，孕妈妈要开始为分娩储存体力啦，这个时候适当地吃些坚果、巧克力之类的食物，可以增加体力，为分娩助力。

Day 254 ~ 255
情绪胎教：多给自己勇气和鼓励

___年___月___日

孕___月___周___天

离预产期还有_____天

这个时候的孕妈妈因为临近分娩，可能会感到很焦虑，特别是初产妇会更觉得不安，既期待与胎宝宝相见，又害怕分娩。这时孕妈妈要相信自己，可以勇敢地诞下宝宝，平时多看一些正能量的文章，鼓励自己更加勇敢。为自己加油！

Day
256
美育胎教：折纸——小心心

——年——月——日

孕——月——周——天

离预产期还有_____天

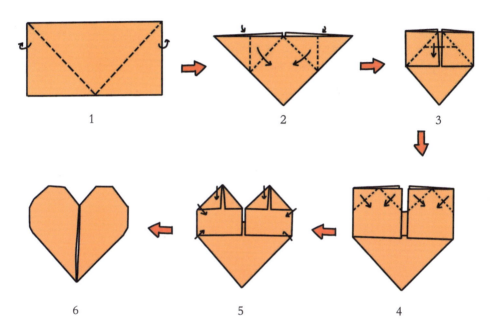

1 → 2 → 3

4 ← 5 ← 6

　　一颗爱心，代表父母对孩子的爱。孕妈妈无聊的时候，可以叠一叠，既可以打发无聊时间，还能愉悦心情。

Day
257
语言胎教：《祝福》

——年——月——日

孕——月——周——天

离预产期还有——————天

祝福

文/泰戈尔

祝福这个小心灵，这个纯洁的灵魂，

他为我们的大地赢得了上天的亲吻。

他爱太阳的光明，他爱看到他妈妈的脸。

他没有学会厌恶尘土而去渴求黄金。

紧紧地把他抱在怀里，祝福他！

他已经来到这歧路百出的大地上了。

我不知道他为什么要从众生里选择你，

来到你的门前，抓住你的手，跟你走。

他笑着，谈着，跟着你走，心里没有一点儿的疑惑。

不要辜负他的信任吧，引导他走到正路上，并且祝福他。

把你的手按在他的头上，祈祷着。

底下的波涛虽然险恶，然而从上而来的风，会鼓着他的船帆，送他到和平的港口。

不要在忙碌中把他忘了，让他来到你的心里，并且祝福他吧。

赏析

全诗洋溢着乐观的基调，祝贺新生命的诞生，表达了诗人对未来的希望，以及对爱的坚信。

胎教有话说

孕妈妈选择在一个温暖的午后，把这首祝福送给自己和即将出生的宝宝，祝福宝贝幸福健康！

Day 258

运动胎教：坚持有氧运动操

越来越接近预产期了，孕妈妈可以继续坚持有氧运动，帮助胎宝宝入盆，这样会有利于顺利分娩哦！

合适的有氧运动有哪些呢？散步、走楼梯……

Day 259

音乐胎教：《良宵》

赏析

《良宵》原名《除夜小唱》，是刘天华于1928年除夕之夜创作的一首二胡曲。乐曲描绘了作者与友人欢叙守岁、共度良宵的愉悦心情。孕妈妈听完后会有种怡然自得之感，感觉全身都被愉快的气氛给包围着。

胎教有话说

这个时候的孕妈妈最适合听这种欢快曲子来放松心情了。值此良宵，说不定就是与胎宝宝见面的激动时刻。

放松心情，准备待产

此时孕妈妈的胎盘正在慢慢老去，小宝宝已经蓄势待发了呢！现在的你应积极调整好心态，迎接分娩这个时刻的到来。但是仍要继续坚持进行胎教，不能松懈。

Day 260
知识胎教：了解产前征兆

___年___月___日

孕___月___周___天

离预产期还有 _____ 天

产前征兆：宫缩

产前宫缩初期间隔时间大约是 10 分钟一次，孕妈妈感到腹部阵痛，然后阵痛的持续时间会逐渐延长，变为 40 ~ 60 秒。程度也会加重，间隔时间缩短，3 ~ 5 分钟。当子宫收缩出现腹痛时，可感到下腹部很硬。

产前征兆：见红

见红是可靠的产前征兆，因为子宫已经开始扩张。见红后快则在阵痛前 24 小时出现，也有可能在分娩前几天。如果见红伴随宫缩，那么 12 ~ 48 小时内就可以临产了。

产前征兆：破水

当子宫收缩时，子宫腔内压力增高，这样会促使羊膜囊破裂，孕妈妈的阴道就会流出淡黄色的羊水。这个时候要分清尿液和羊水。羊水是无色、清澈、带有腥味，会不自主地流出来。而尿液则是淡褐色、有骚味。破羊水是产前征兆比较后一个表现，当破水后应该迅速就医。这个时候一定要卧床，取臀高头低位，以避免大量羊水流出致使脐带脱垂，造成胎宝宝急性缺氧死亡。

Tips

孕妈妈一旦有阵发性、规律性的腹痛或腰痛，间隔时间很短而且持续时间长，或伴随着阴道见红，则是一个从先兆临产到临产的过程。孕妈妈产前征兆有些具有预测性，但是有些一旦出现就必须马上到医院临产。

Day
261

美育胎教：
涂色画—— 一家三口

_____年_____月_____日

孕_____月_____周_____天

离预产期还有_____天

Day 262

語言胎教：朗讀《遇見》

—— 年 —— 月 —— 日

孕——月——周——天

離預產期還有 _____ 天

遇見

文/徐志摩

我是天空裡的一片雲，
偶爾投影在你的波心——
你不必訝異，
更無須歡喜——
在轉瞬間消滅了蹤影。

你我相逢在黑夜的海上，
你有你的，我有我的，方向；
你記得也好，
最好你忘掉，
在這交會時互放的光亮！

胎教有話說

此生遇見，絕非偶然，準爸爸、孕媽媽與胎寶寶的遇見，是緣分的安排，要好好珍惜。

Day 263

運動胎教：調整呼吸法

—— 年 —— 月 —— 日

孕——月——周——天

離預產期還有 _____ 天

越來越接近臨盆了，孕媽媽可能會感到很焦慮，其實分娩並沒有那麼可怕，多活動身體，聽聽音樂放鬆心情。

孕媽媽跟著做：

可以坐下來，放慢呼吸。坐下後腰部挺直、伸展，兩腿盤起，雙手自然放在膝蓋上，然後深呼吸。將深深吸入的空氣聚集在肚臍下面，然後慢慢呼出去，如此反復。聽著舒緩的音樂或者沉浸在美好的回憶裡進行冥想，效果會加倍。

Day
264 ～ 265
准爸爸胎教：不要离家太远

____年____月____日

孕____月____周____天

离预产期还有 _____ 天

孕妈妈即将分娩，准爸爸一定要在妻子身边陪着她，给予支持。所以这段时间准爸爸最好不要离家太远，取消出差，以免妻子临盆时不能及时赶回来。

Tips

准爸爸除了时刻关注孕妈妈是不是要分娩了，还要整理好入院和出院所需的所有物品，统一放在一个小旅行包里。

还有产前检查记录以及入院费用，也要放在固定的位置，方便急产时能够拿到。

Day
266
音乐胎教：《四小天鹅》

____年____月____日

孕____月____周____天

离预产期还有 _____ 天

赏析

《四小天鹅舞曲》是四幕舞剧《天鹅湖》第二幕中的舞曲，该曲是舞剧中最受人们欢迎的舞曲之一。四小天鹅舞曲以八分音符奏出活泼跳跃的伴奏音型，以二重奏的形式奏出轻快的乐句，生动地表现了小天鹅天真可爱的形象，显得十分有趣。舞曲音乐轻松活泼，节奏干净利落，形象地描绘出了小天鹅在湖畔嬉游的情景，质朴动人的旋律还极具田园般的诗意。

胎教有话说

美丽可爱的小天鹅，他们在湖畔嬉戏玩耍，仿佛自己的小宝贝在肚子里游来游去，可爱极了！想到这里，听着乐曲，是不是紧张的情绪好多了？这个阶段的孕妈妈也许在为分娩而担心，听一听这首曲子，分散一下注意力吧！

第39周 养精蓄锐，等待爱的降临

要养好精神，随时等待胎宝宝的降临，做好最后的营养胎教很重要。

Day 267

营养胎教：分娩前孕妈妈需要补充的营养素

___年___月___日

孕___月___周___天

离预产期还有_____天

脂肪和糖类

孕晚期孕妈妈的热能供给量与孕中期相同，不需要补充过多，尤其在孕晚期最后1个月，要适当限制饱和脂肪和糖类的摄入，以免胎宝宝过大，影响分娩。

增加蛋白质的摄入

孕晚期是蛋白质在孕妈妈体内储存相对较多的时期，其中胎宝宝存留约170克，母体存留约为375克，这要求孕晚期膳食的蛋白质供给量比未孕时每日增加25克，应多摄入大豆类食物等。

增加钙和铁的摄入

胎宝宝体内的钙一半以上是在孕晚期储存的，孕妈妈应每日摄入1500毫克的钙。胎宝宝的肝脏在孕晚期以每天5毫克的速度储存铁，孕妈妈应每天摄入铁28毫克，可多吃动物肝脏等。

充足的维生素

此时孕妈妈需要充足的水溶性维生素，尤其是维生素 B_1，如缺乏则易引起呕吐、倦怠等症状，导致分娩时子宫收缩乏力，所以孕妈妈要多吃富含这类营养素的粗粮。

供给充足的必需脂肪酸

孕晚期是胎宝宝大脑细胞发育的高峰期，需要补充充足的必需脂肪酸，以满足胎宝宝大脑发育。孕妈妈可多吃海鱼等。

Day
268 ~ 269
情绪胎教：不畏惧分娩

——年——月——日

孕——月——周——天

离预产期还有 _____ 天

进入孕晚期的最后时刻，孕妈妈子宫已经极度胀大，各器官、系统的负担也接近高峰，孕妈妈心理上的压力也是比较重的。临近预产期，孕妇对分娩的恐惧、焦虑会加重。有些孕妈妈对临产时如何应对，如有临产先兆后会不会来不及到医院等过于担心，因而稍有"风吹草动"就赶到医院，甚至在尚未临产，无任何异常的情况下，要求提前住院。

相信自己

面对这样的紧张情况孕妈妈应该知道，分娩是大自然赋予女性的天然能力，是每一个健康的育龄女性完全能够承受得住的。也应该相信自己的能力，相信自己可以撑过去的。

学习分娩知识

孕妈妈在分娩前，可以到医院的孕妇学校学习有关分娩的课程，了解产房的样子，知道什么是临产、什么是产力、什么是第一产程、什么是第二产程……掌握如何在分娩中运用呼吸、用力的技巧，在医生的帮助下如何顺利完成分娩。

继续运动

孕妈妈也不要太偷懒了，可以适当做一些比较轻松的运动，如做孕妇操、在室内适当走动等，这些都有助于顺利生产，减少分娩的痛。

Day
270
运动胎教：助产运动

———年———月———日

孕———月———周———天

离预产期还有 _____ 天

盘腿对脚坐

保持后背腰部挺直，两脚掌合上，将足跟向内侧拉，同时缓慢降低两膝。

这可以拉伸大腿与骨盆的肌肉，同时可以改善分娩时的体位，保持骨盆柔韧性，增强下身的血液循环。

Tips

如果比较难完成这个姿势，可以靠着墙来支撑后背，或者是在大腿底下放上垫子。但一定要始终保持后背挺直。

墙面滑行

背靠墙站立，两脚分开，距离与肩同宽，慢慢靠墙下滑至处于坐姿。保持该坐姿数秒，然后再上滑至站姿。反复进行该动作数次。

这一动作有助打开骨盆口，给胎宝宝更大的空间进入产道。

Tips

为了减轻膝盖的压力，可以在后背放个小球，以减少滑行过程中的阻力。孕妈妈也可以不靠墙来完成该动作，同样需要保持后背笔直，两脚分开同肩宽。

Day
271 ~ 272
准爸爸胎教：
提醒孕妈妈多做助产运动

——年——月——日

孕——月——周——天

离预产期还有_____天

为了让生产更加顺利，孕妈妈需要多做一些助产运动。为了避免孕妈妈偷懒，准爸爸可以在每天饭后陪孕妈妈出去散步半小时，还可以陪同孕妈妈一起爬楼梯，便于分娩。

Day
273
音乐胎教：
《G大调小步舞曲》

——年——月——日

孕——月——周——天

离预产期还有_____天

赏析

在众多的小步舞曲中，贝多芬的这首《G大调小步舞曲》是最通俗、最流行的一首。与其他一些小步舞曲不同的是，它的两端部分优美、典雅，中间部分的旋律流动性强，轻快、活泼。

胎教有话说

孕妈妈听着这首小步舞曲，跟着节奏踏着小步，轻轻跳舞。跟着舞曲进行小步跳舞是一项不错的助产运动，不过要保持好节奏和平衡，以免不小心摔倒。

宝贝，你要来了吗

也许就在这一周，孕妈妈就可以看到胎宝宝了，准爸爸要准备好待产包，随时准备入院迎接胎宝宝降生。如果过了预产期，肚子还没有动静，也不要担心，赶紧去医院检查。

Day 274

营养胎教：做好营养储备，迎接宝贝降临

____年____月____日

孕____月____周____天

离预产期还有_____天

孕妈妈为了储备分娩时所需要的能量，应多吃富含蛋白质、糖类等热量较高的食物，但是也还要确保食物口味清淡，易于消化。

孕妈妈进餐的次数每日可增至5餐以上，同样以少食多餐为基本原则，还要尽量选择体积小、营养价值高的食物。准备顺产的孕妈妈，可以提前备上一些能增加能量的食物，如巧克力、坚果、饼干等，便于及时补充能量。

Day 275

情绪胎教：宝贝还没有动静别担心

____年____月____日

孕____月____周____天

离预产期还有_____天

十月怀胎，一朝分娩。怀孕、分娩也要遵循大自然的规律，无论宝宝什么时候出生，孕妈妈都要以平和的心态对待，切勿因临近分娩或超过预产期而焦虑不安，那样反而会影响到胎宝宝的"心情"。如果预产期过了很多天，可以提前去医院进行各项检查。

母亲

文/泰戈尔

我不记得我的母亲，
只是在游戏中间，
有时似乎有一段歌调在我玩具上回旋，
是她在晃动我的摇篮时所哼的那些歌调。

我不记得我的母亲，
但是当初秋的早晨，
合欢花香在空气中浮动，
庙里晨祷的馨香向我吹来像母亲一样的气息。

我不记得我的母亲，
只当我从卧室的窗里外望悠远的蓝天，
我觉得我母亲凝注在我脸上的眼光，
布满了整个天空。

赏析

　　这首诗歌表达了诗人对母亲的怀念，对童年的缅怀，对时间流逝的感慨。过去的时光总是美好的。

胎教有话说

　　母爱是伟大的，孕妈妈马上也会成为一名真正的妈妈了，未来孕妈妈也将肩负起母亲的重任。相信孕妈妈一定准备好了，加油吧！宝贝也要给妈妈力量哦！

Day
277
故事胎教：
井底之蛙

——年——月——日

孕——月——周——天

离预产期还有_____天

很久以前，在一口枯井里住着一只小青蛙，它每天安逸地坐在井底，望着天空发呆，晒晒太阳，日子过得特别惬意和简单。

有一天，一只从海里来的大海龟路过这个枯井，看到了小青蛙。

青蛙好不容易遇到一个客人，特别兴奋地对海龟夸口说：

"海龟朋友，不如你搬来和我一起住在这井底吧！你看，我住在这里多快乐！不用担心大海的汹涌和危险。高兴了，就在井栏边跳跃一阵儿；累了，就回到井里睡一会儿。还能快乐地把全身泡在水里，又或者在软绵绵的泥浆里散一会儿步，也很舒适。看看那些虾和蝌蚪，谁也比不上我。而且，更重要的是我是这个井里的主人，在这井里自由自在，我做主！"

海龟听了青蛙的话，有一点儿心动，它倒真想进去看看，这井里真的有青蛙说得那么好吗？

可是，一不小心海龟整个身子差点卡在井口。海龟差点摔下去，被吓得不敢下去了，觉得井太小了，于是对青蛙说："你去过大海吗？"也许大海更适合我。

青蛙一下子被问住了，因为它没见过大海，它只知道蓝天，知道淅淅沥沥的小雨，哪里去过大海啊！

海龟接着说："大海是全世界最广阔的地方，无边无际，它的广大，哪止千里；海的深度，哪止千来丈。每天早晨，我都会在海上迎着太阳，一片金色的光洒进我的眼底；每天中午，我都能和海里的同伴们一起玩耍，从来都不感觉寂寞。到了晚上，伴着洁白柔美的月光，回家安稳地睡觉，才是真的快乐呢！"

井里的青蛙听了海龟的描述，想象着大海美丽的画面，顿时再没有话可说了……

____年____月____日

孕____月____周____天

离预产期还有_____天

此时如果孕妈妈还没有动静，还是要多做一些助产运动。这个阶段可以继续选择散步，能够帮助胎宝宝下降到骨盆，骨盆韧带也会变得松弛，有助于胎宝宝顺产。但是孕妈妈在散步时，最好让准爸爸陪伴，还要注意散步的时间与速度。

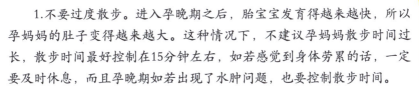

Tips

1.不要过度散步。进入孕晚期之后，胎宝宝发育得越来越快，所以孕妈妈的肚子变得越来越大。这种情况下，不建议孕妈妈散步时间过长，散步时间最好控制在15分钟左右，如若感觉到身体劳累的话，一定要及时休息，而且孕晚期如若出现了水肿问题，也要控制散步时间。

2.饭后半小时内不要散步。很多的孕妈妈都是吃完晚饭以后立即去散步，但是对于一般来说其实并不有利于健康，因为在饭后半个小时之内，如果散步的话可能会对消化造成影响，不利于胎宝宝对营养的吸收。

3.不要一个人散步。孕妈妈在孕晚期的时候，肚子笨重走路不方便，一定要有人陪，保证孕妇安全的同时，也能帮助孕妈妈解闷。

Day
279 ～ 280
音乐胎教：《春之歌》

——年——月——日

孕——月——周——天

离预产期还有＿＿＿＿＿＿天

赏析

《春之歌》来自门德尔松的钢琴曲，乐曲具有流水般轻柔的浪漫旋律，使听众沉醉于快乐的气氛中，心情变得沉静和美好。

胎教有话说

春天代表了新生，充满了无限的生机和无穷的希望，正如孕妈妈腹中的宝宝。这首优美、轻松的曲子，仿佛春季来临，万物复苏，生机勃勃，这种美好的感觉，胎宝宝也一定能够感知到，而孕妈妈的心情也不那么紧张了。